自治体エスノグラフィー

――地方自治体における組織変容と新たな職員像――

明石照久著

Law & Society Début Series No. 3

Setsuo Miyazawa, Series Editor

信　山　社

自治体エスノグラフィーへの挑戦

神戸大学大学院法学研究科教授　山下　淳

激しい社会環境変化と行政、とりわけ自治体行政の変容をしっかりと認識し、あるいはそのあるべき方向性をさぐるという作業が、行政なるものを素材とする諸学問領域にとって重要な関心事となっていることはあらためていうまでもない。本書は、このような課題に対して、自治体行政の組織とその構成員に視座をおいて、その変化の態様を解明し、また、向かうべき道筋を示そうと試みるものである。

本書は、二〇〇一年に神戸大学大学院法学研究科に提出された博士論文をさらに発展させたものである。「第一部　社会環境の変化と地方自治行政組織の変容」、「第二部　変容する地方自治体現場のエスノグラフィー」、「第三部　新たな地方自治体職員像に向けて」から構成される。第一部では、現代の自治体が直面している変化を精密に捉えるためには行政現場の実態に着目する必要のあることを指摘し、実態を描き出すための研究方法を論ずる。そして、第二部で、自治体の行政現場のエスノグラフィーに取り組む。第三部は、第一部と第二部の検討を踏まえて、自治体が現代的な環境変化に適応する過程において、人的資源、つまり職員がもつ重要性にあらためて注意を喚起し、自治体における人材育成のあり方を展望する。

本論文の視座とアプローチは、次のような、ある種既存の研究領域のどこにも属させることができない独特のものということができ、その内容はきわめてオリジナリティーの高いものに仕上がっている。

第一に、従来組織中枢と考えられてきた政策立案・企画セクションにではなく、住民に行政サービスを提供する第一線の現場、つまり、組織境界面に着目しようとする。そして、そこに、行政の業務の変化、組織の変化、職員に求められる資質・能力の変化のための「兆し」をみようとする。

第二に、著者自身の長年の自治体職員としての経験を生かしつつ、組織の内部からの観察を行うことにより、外部の研究者には近づきがたい、行政官の行動を詳細にわたって記述している。関連して第三に、そうした行動を行う際に行政官が感じる主観的感情、例えば、仕事にともなう切迫感や協力関係をさまたげる部局意識といった感覚という現象の記述にも踏み込んでいる。こうした現象は、外部からの観察によっては必ずしも適切にとらえられず、実際にもこれまでの研究では系統的にはとらえられてこなかった（むしろ無視されてきた）ものである。

その結果、行政を取り巻くさまざまな変化は、これまで、いくつかのキーワードを並べるだけで、ともすれば抽象的・一般的にのみ語られすぎてきたきらいがあるといえようが、本書では、より精緻な彫り込みを施されて浮かび上がってくるものとして仕上がっている。

とりわけ、公営住宅管理の現場とまちづくりセンターの活動を素材として、本書第二部において展開されるふたつのエスノグラフィーは圧巻である。

行政の現場において、ある問題を解決しよう、あるいは、ある組織を立ち上げようという、ふとしたあるいは偶発的なきっかけ。そこからはじまる予想していなかった意外な展開。次々と、しかもあちこちで同時多発するさまざまな事件。そして、それをさらにきっかけにして、またまた意外な展開が繰り広げられていく。そのただなかで対応する組織や職員の行動と意識、少しずつ生み出されてくる職員の意識や組織行動の変化、あるいは業務運営の内容や仕方の変化。行政現場の実態がじつに生き生きと叙述されている。

行政現場の実態が、あたかも、つぎつぎとたくさんの皿を細い棒の先に載せ、くるくると回し続けていかなければならない皿回しの曲芸のごときものであることは、本書によってはじめて描き出されることになったといってよかろう。

さて、本書は、また、このようなエスノグラフィカルな叙述から明らかになる含意から、組織境界面における変化が、「ルーティン」への習熟から「ケース」処理のスキルであることを明らかにする。そして、より抽象度をあげて、本論文の目的のひとつでもある、これからの自治体行政の組織のありようや、あるいはこれからの自治体職員に求められる資質や能力を指し示そうとする。

本書は、このような行政エスノグラフィーとして、それ自体、学問的にみても、貴重な成果である。しかしまた、いろいろな行政エスノグラフィーが作成され、さらにそれが蓄積されていくことが、行政をフィールドとする学問領域の深化のためにも、あるいは、行政それ自体の進化にとっても、きわめて重大なインパクトをもたらすこともあきらかである。今後、さまざまな行政エスノグラフィーが作成されていくにあたって、本書は先導的なモデルとなりうる実験的な試みであるといえよう。

目次

目　次

はじめに

本書は、地方自治体の現場の視点から、現代の地方自治体をめぐる環境の変化とそれに対応するための自治体内部組織と現場の職員の活動の変容に焦点を当て、具体的な問題解決に役立つ含意を引き出そうとするものである。筆者は、地方自治体職員として二〇数年にわたるキャリアーを積み重ねてきたが、地方行政を取り巻く環境の変化には目を見張るものがある。今日、地方分権は時代の大きな流れとなっている[1]。また、住民ニーズはますます多様化し、高度の専門性に支えられた住民意識もかつてない高まりを示しており、住民主体の「まちづくり」は今や常識になろうとしている。このような環境の変化と地方自治体組織の変容を考えるためには、組織境界面（インターフェイス）の位置にあって住民と地方自治体組織を繋ぐ役割を果たす現場の職員の働きに注目する必要がある。地方自治体の政策が現場の職員の行動を通して実在化されていくからである。地方自治体の組織イノベーション過程については個々の職員の行動レベルに焦点を合わせることで理解が深められる。本書では組織境界面に位置する職員に視点を据えて地方自治体現場における問題解決プロセスのマネジメントの問題を中心に論じる。さらに変化する環境に地方自治体が適応する際の決め手は職員であることを明らかにし、現代地方自治体で求められるべき職員像を示す。

本書は三部構成となっている。まず、第一部では本書の研究課題を明らかにするとともに行政の実態把握を志向した先行研究のレビューを行う。ここでは、とりわけ定性的研究法の利点を示し、本書の問題意識及び方法論の特徴を明らかにする。さらに社会環境の変化と地方行政組織の変容を職員の意識レベルで探るために行ったアンケートの結果を分析する。

第二部では、エスノグラフィーの手法を用いて、地方自治体職員の意識と行動をより踏み込んで捉える試みを行う。ここでは、具体的には、公営住宅管理の事例及び「こうべまちづくりセンター」の阪神・淡路大震災前後の活動に関する事例を取り上げ、地方自治体現場の職員の行動を内部者の視点から描出する。

第三部では、第一部及び第二部で展開した議論を踏まえて地方自治体現場における職員の役割の変化に焦点を当てる。特に具体的な問題解決に当たる現場職員の視点からプロセスマネジメントと組織内学習の重要性を論じる。本書の基本的な主張は、「地方行政の専門化・技術化に対応するためには、多様な専門家、住民等と十分なコミュニケーションを取り得る能力を備えた人材の育成が急務であること」を示すことである。

第一部　社会環境の変化と地方自治行政組織の変容

第一章　地方行政組織の変容

一　住民との関係から見た行政現場の変化

今、住民等のステークホルダーとのインターフェイスの役割を果たす地方自治体現場の重要性が再認識されてきている。この背景には地方自治体を取り巻く環境の急激な変化がある。社会の高齢化、国際化、情報化等、社会環境は、この二〇年あまりの間に急激な変化を遂げ、地方自治体はこれらの変化への対応を迫られている。そして、住民その他のステークホルダーと直接接触することが業務の中心となる行政現場は変化の波の直撃を受け、第一線職員は対応に追われているのが実状である。反面、現場の生の状況をつかまない限り、地方自治体としての適切な対応ができなくなっているとも言えるため、現場からの情報の重要性が高まってきている。

環境の激変に対する地方自治体組織の変化の兆候は、激動する環境と対峙している現場の中に集中的に現われてくる。したがって、行政現場に視点を据えた観察を続けることによって、現代地方自治体変容の具体的な態様を掴むことが可能となる。

1　古典的官僚制モデルと地方自治体組織の変容

今日、地方自治体が直面している問題状況は大きく変わってきている。もともと地方自治体は変化に対して柔軟で、むしろ古典的官僚制モデルに完全には、当てはまらないところのある組織である。それが激しく変わる環境に適合するため、ますます柔軟な対応を迫られる状況が生じてきている。田尾（一九九〇）や田中（一九九四）の研究でも論及されている通り地方自治体はウエーバーに代表される古典的な官僚制モデルの理念型から最も遠いとされる組織ではあるが、今日の状況のもとでは、古典的官僚制モデルによって現実の地方自治体の姿を捉えることは一層難しくなってきている。

古典的官僚制モデルに適合するピラミッド型組織は変化のほとんど無い予見性の高い事務処理に関しては効率性を発揮できる。確かに、組織形態の側面では、官職階層制と審級制の原則によって、事務の内容に変化がほとんどないかのように扱われる。しかし、現実には、古典的官僚制モデルが前提としている組織形態と現実の地方自治体現場が置かれている状況との乖離はますます大きくなってきている。実際には地方自治体は予見可能性の低い変化する環境の中に置かれているため、多くの大規模地方自治体はその反応の鈍さを揶揄される結果を招いているのである。

以下、地方自治体における現場の状況変化を細かく見ていくことにしたい。

(1)　現場状況の質的変化

ア．非定型業務への対応の増大

地方自治体は、その職員が、地方住民と直接に触れ合うことが多い組織である。このような組織における第一線機関及び第一線職員とクライアントとの関係を問題とする視点に、パブリック・エンカウンター論がある。しかし、地方自治体の行政現場では、パブリック・エンカウンターの議論が前提としているセッティングとも異なる問題状況が広がりつつある。

パブリック・エンカウンター論では、もともと第一線機関及び第一線職員とクライアントとの関係は、次のような特徴を持つとされていた（畠山、一九八九）。

① 希少な資源を第一線職員が占有し、クライアントたる住民には関与する余地が少ない。
② 第一線職員にとって、クライアントたる住民は準拠集団とはならない。
③ 第一線職員の業績を評価する明確な基準は無く、処理件数等の指標が代替的な評価基準となることが多い。

確かに、生活保護、税務、社会保険、学校教育等の多くの分野では、このような特徴は、かなり一般的に見られる。地方自治体の事務のうち、パブリック・エンカウンター論の前提である「ストリート・レベルの官僚制」（M・リプスキー、一九八六）は、静態的で比較的安定したルーティンの業務への対応の機構を問題の焦点においている。例えば、畠山は税関検査、福祉事務所での申請受け付け、学校における三者懇談等、ルーティンの業務への対応の事例を紹介している。しかし、第二部のケーススタディの中でも明らかとなるが、現在、地方自治体の担当者を悩ませているのは、むしろ不確実性水準の高い環境変化への対応なのである。そのようなセッティングにおいては、準拠すべき法規や国の基準等がそもそも欠けている場合が多く、新たなルールづくりから問題解決プロセスが始まるのが一般的である。

法規や国の基準は、自治体業務の現場においては、その正当性が疑問視されることの無い所与の達成目標として現れる。そして、明確に適用可能な法規や基準が存在する場合、目標達成のための行動プログラムを組み、実施することは比較的容易である。ところが、明確な目標が無く、目標設定からプロセスが始まるような場合、行動プログラムの組み立てには多くの困難を伴う。特に情報と経験が乏しい場合、現場サイドで政策目標を定めて実施に移すことは、事実上も法規上も極めて難しい。このような状況を前にするとき、現場は「日常反復的な仕事は、革新的な仕事を駆逐する」という「計画のグレシャムの法則」（J・G・マーチ&H・A・サイモン、一九七七、二八三頁）の妥当性を日々立証していくことになる。つまり、現場では本来的な解決を目指すことの必要性を否定し、日常反復的な事務に逃避する傾向が強くなっていく。

しかし、このような局面では「目標を如何に達成するか。」という問ではなく、「如何にして目標を定立するか。」「本当の問題点は何か。」「解決に向けて何をすれば良いのか。」という問が真剣に問われなければならない。そして、誰が、何時、如何にして問題を解決するのかをプログラムしていくことが求められる。

イ．二面関係から多数当事者との関係へ

住民等との関係もまた大きく変質している。ストリート・レベルの官僚制は第一線職員とクライアントによる二面関係的処理を想定してきた。伝統的な行政法学も、行政庁と「処分の名宛人」との関係を中心にして議論を組み立ててきた。しかし、今日の地方自治体事務の中では、多数の関係者の合意を必要とする場面への対応が迫られる状況が拡大しつつある。田尾（一九九〇）は、こうした場面で必要とされる管理機能を、ポリティカルなマネジメントと呼んでいる。そして、多数の当事者を巻き込んだポリティカルなマネジメントに解決が委ねられる問題が噴出するに至っている。

この背景として政治的機構内部における地方自治体の位置づけが変わってきていることをあげることができる。田中（一九九四）はこの変化を次のように総括している。「総括的にいえば自治体の組織目的（存立基盤）は、国の立法による法律や施策の下位的、下請的執行機関（実施機能優先）という位置づけから、徐々にではあるが、国際社会の動向に多大な関心を払いつつ、自らの地域社会における総合的、主体的、実践的な『政策立案の専門職集団』へと転移しつつあるように思われる。」（四頁）

確かに、地域の問題を総合的に解決するためには、様々な資源を組み合わせて具体的なプログラムが組み立てられなければならない。法律、条例、行政行為、事実行為、民事執行等、各種の法規、多様な行為形式を組み合わせて、問題解決の最適のプログラムを作成し、組織を立ち上げ、具体的な手順を定め実行に移す一連の手続を円滑に進めていく必要が生じてきている。現場サイドでも、問題解決プロセスのマネジメントを日常的に意識する必要が生じる状況が見受けられるのである。地方分権一括法の制定に見られるように、地域における総合的な政策の策定実施主体としての地方自治体の位置づけが明確になるにつれて、この種のスキルへのニーズは一層高まってきている。(2)

ウ．成熟型社会の市民との関係

地方自治体のクライアントである市民自体も質的な変化をとげている。ストリート・レベルの官僚制の研究は、行政の第一線職員（ストリート・レベルの官僚）は、手持ち資源の希少性、クライアントに対する絶対的に優位な状況等を背景に法律の機械的な執行に止まらず、クライアントとの関係において自らの裁量的判断を用いていることを明らかにした。ストリート・レベルの官僚制研究は、イニシアティブは常に第一線職員の側にあり、クライアントには主体性を発揮できる余地はほとんど無いことを前提としている。クライアントは第一線職員にとって準拠集団たり得ないのである。（M・リプスキー、一九八六、五〇頁）つまり、住民は単なるクライアントとしてしか見られておらず、主体的な位置づけはされていない。

田中（一九九四）の総括でも触れられているように地方自治体が法律を執行するための下請的機関から地域社会における総合的、主体的、実践的な政策立案と実施の主体へと変貌を余儀なくされている状況においては、住民との関係も大きく変わらざるを得ない。したがって、住民が客体としてのみ見なされるという、こうした前提も地方自治の現場においては、大きく変化しつつある。現代地方自治体が新たな関係を築いていくことを求められている住民はパブリック・エンカウンターのセッティングにおけるクライアントではなく、より積極的な参加の主体として地方自治体の政策立案に係わりを持とうとする「成熟型社会の市民」（高見沢、一九九八）である。例えば、専門知識、経験等の面で行政職員をはるかに凌駕する情報を持っている住民や住民団体は、今日決して珍しい存在ではない。ストリート・レベルの官僚制論の前提となっていたセッティングとはまったく異なる現場状況が出現し、その重要性を増しつつある。「まちづくり」に係わる行政分野では、このような状況が最も端的に現れてきている。近年、住民による「都市計画マスタープラン」づくりをはじめとして各種の政策提案が住民から示される例が見られるようになってきた。住民、ＮＰＯ等の政策立案能力も向上してきており、地方自治体としてもそれらの提言を無視できない状況が生じつつある。このような状況を反映して全国各地で「まちづくり行政型」とでも言うべき新たな協働の仕組みづくりの試みが展開されているのである。

エ．強制力を伴う措置を必要とする事例の増加

住民との共同作業が拡大しているという傾向と一見裏腹に見えるが、現代地方自治体が直面しているもう一つの困難な状況として、強制力を伴う措置を必要とする事例の増加があげられる。しかし、これも住民の力が増大し、主体化していることの帰結である。ストリート・レベルの官僚制が想定している場面状況の中では、現場の第一線職員とクライアントとの駆け引きにより問題が処理されてきた。しかし、そのようなやり方では、もはや解決できないような事例が増加してきている。したがって、何らかの強制力を伴う措置を取ることが当然の帰結となってくる。

ところで、日本国憲法のもとでは地方自治体は行政事務条例を制定することができ、刑罰を科すこともできる（地方自治法第一四条）等、権力行政の主体としての位置づけが明確になっている。また、行政強制についても、行政代執行の主体に地方自治体の行政庁が加えられる（行政代執行法第二条）等、権能の強化が図られている。しかし、実際には、このような権能の強化と裏腹に地方自治体の現場では権限行使を避ける傾向が現実には存在してきた。

伝統的に地方自治体の組織は、基本的には効率的なサービス提供を目的として設計されており、強制力を行使するような事務への対応は相対的に弱いと言える。例えば、行政上の強制徴収等の事務については、国の機関と比べて地方自治体現場の習熟度は一般的に低い。さらに私法関係に位置づけられる事務や行政法上のいわゆる管理関係に属する事務で行政による自力執行が認められていないもの

については、紛争の最終的な解決は、私人の場合と同様に債務名義を得たうえで民事執行の手続に俟たざるを得ない。債務名義の取得とその後に続く執行手続等に関する実務に習熟している地方自治体の現場職員はそれほど多くないであろうと推測される。

第二部で取り上げる神戸市の住宅局の事例でも、法的措置に対する理解が浅かったため、（行政）指導ではおよそ対応できない状況になっているにも拘わらず、的確な対策を講じ得なかった状況を見出すことができる。問題の状況に適合しない解決策の選択は、問題を複雑にするだけでなく、現場職員の志気を削ぐ結果につながっていくのである。

強制力を伴う措置の実施は、地方自治体職員の最も不得手な部分かもしれないが、地方自治体は単なるサービス提供機関ではなく、公益実現の主体としての顔も併せ持っている限り、法規適合性を確保するために時には毅然とした態度で敢然と権限を行使しなければならない場合もある。

ところが、地方自治体の研究では、強制力の行使を伴う措置、とりわけ民事執行による法的措置の運用実態を伝えるものはほとんど無かった。それは、外部研究者のアクセスが困難な領域であることと、判例や法制度の研究が主体となっていたこと等が理由として考えられる。しかし、出訴に至るまで、あるいは債務名義取得後の職員の対応、市民との交渉過程等、判例研究の表舞台には出て来ない舞台裏の事情が実際は重要な意味を持っているのは明らかである。その部分を無視すると、現実の職員の動きは見えて来ず、組織の対応を深く理解することが難しくなるのは当然である。

第二部で詳しく論じることになるが、この種の事務に携わる組織の特性は先に述べた「まちづくり行政型」の組織の特性とは大きく異なっている。まちづくり行政型・シンクタンク型の行政組織への移行は確かにこれからの課題ではあるが、多様な自治体業務はそれだけではまかないきれない。

法規適合性を確保するような事務を執行するためには、まちづくり行政型・シンクタンク型には無い、明確な職務権限と厳密な手続に裏打ちされた組織の存在が必須の条件となる。ネットワーク組織や住民等との協働という考え方とは最も縁の薄い部分になるものと思われるこの種の事務の重要性も高まってきていることに注意を向ける必要がある。最近の傾向として、地域における調整者・コーディネーターとしての地方自治体の機能が強調されることが多いが、地方自治体はここで取り上げたような側面をも併せ持っていることを忘れてはならない。この側面については第二部の事例研究の中でさらに掘り下げて考えることにしたい。

(2)　地方自治体の内部から見た変化の兆し

以上に見たように、現代の地方自治体には、伝統的な官僚制組織の組織原理に従うことによっては、適切に処理できない事務が増大している。しかし、現実の自治体組織には、依然として、古い形式的体質が残っている。

先に述べてきたような地方分権の進展や住民意識の昂揚に伴い、政策立案・実施の主体としての地方自治体に対する関心が高まってはいる。しかし、地方自治体が住民ニーズを適確に捉え自らの政策に反映させることは、今日のように住民ニーズの多様化が進んだ時代にあっては意外に難しく、政策の立案・実施の主体としての地方自治体の力量が問われる結果を招きがちである。特に大規模な団体ほど政策立案部門と現場との距離が大きくなるため、行政ニーズを適確に掴むことが難しくなる傾向があるようである。

また、先に述べたように、地方自治体にとって住民は行政サービスの単なる受け手に止まらず、今日、地方行政のあらゆる分野で住民は主体性を発揮しようとしており、多様で複雑な地域的問題を解決するためには、住民、事業者、行政による「協働の仕組み」が不可欠なものになろうとしている。

しかし、「協働の仕組み」の具体的な実態や問題点を取り上げた研究は現在のところごく僅かしかなく、さらに行政内部者の視点からこの問題に迫っている研究は見当たらない。地方自治をめぐる高邁な議論は数多くあるが、具体的な問題解決のための知恵につながるものは多くない。それは、住民や地方自治体職員が地域における問題を具体的に解決するため、相互作用を通してどのように行動しているのか、また、それがどのような意味を持っているのかがほとんど明らかでないからである。

地方自治体が環境の変化に適切に対応し得る政策を立案し、実行するためには問題解決プロセスにおいて住民や事業者との接点となる地方自治体の現場実態の解明が不可欠であり、ブラックボックスになっている地方行政の現場に分け入った研究が求められている。

(3)　境界的アクターとしての地方自治体職員

畠山（一九八九）は「一方で組織に、他方で市民に同時にアクセス可能な第一線職員の地位は、官僚制のメンバーとしては例外に属する特殊な地位である。そこで彼らを『境界的アクター』(boundary-actor)と呼んで、その独特な組織内地位に注目しよう。」（九二頁）と述べ、境界的アクターとしての第一線職員に着目している。さらに「第一線職員の変換作業がなければ、第一線機関は基本的に始動せず、市民が行政サービスに与ることもない。」（九二頁）とも述べている。まさに地方自治体現場の職員の大部分は畠山の言う境界的アクターとしての特性をもっており、地方自治体現場の職員を通して問題解決プロセスが具現化され、実在化される。

地方自治体の政策は境界的アクターとしての現場職員の具体的な行動が無ければ、可能性の世界に止まる。職員と住民、事業者等とのインタラクティブなコミュニケーションを通して始めて政策は現実の世界に姿を現してくるのである。地方自治体現場の実態を知るということは、とりもなおさず「境界的アクター」としての地方自治体職員の実相を知るということに他ならない。

先に述べたように現代地方自治体は激変する環境の変化の大波を受けて大きな変革の時を迎えており、地方自治体の現場状況にも大きな変化が見られるようになってきた。結果として「境界的アクター」としての地方自治体職員の位置づけも変わって来ざるを得ない。今まさに「境界的アクター」の位置づけが大きく変わろうとしているのである。

地方公務員のステレオタイプ化したイメージである「ルーティン」処理の能力ではなく、地域の総合的な政策主体としてのマネジメントスキルが求められる状況が次第に明らかになりつつある。「境界的アクター」としての地方自治体職員の位置づけや機能については、従来理解されていた以上に広い文脈の中で整理をしないと、十分な理解が得られない。地域における総合的な政策主体として注目を集めようとしている地方自治体の現実の活動を支えていくことになる職員の「あるべき姿」を示すことが本書の究極の目的である。

では、こうした目的を達成するには、どのような作業と視点が必要、適切となるのだろうか。以下、本書の研究課題を明らかにするとともに研究方法について整理をし、併せて先行研究のレヴューを行うことにしたい。

二　行政現場の実態の解明

一般に地方自治に関する法規や組織の研究は多いが、地方自治体の組織や業務の実態を直接の素材とした研究はそれほど多くない。これは、地方自治体が法律や条例を機械的に執行するだけの存在とみなされてきたことに関係があると思われる。自治体の業務が、法規や条例の機械的執行であるならば、法律や条例の内容を明らかにしていくことで、地方自治体組織のあり方や政策の体系を隈なく説明できるであろうし、自治体相互の組織のあり方や政策に大きな違いが出てくることも考えられないであろう。

しかし、実際は各地の地方自治体は互いに良く似ているようでも、それぞれに組織的な特徴があり、その政策には少なからぬ相違点が認められる。法律や政省令等の「法規たる定め」や国の指導・助言等、全国一律の基準に準拠しながらも、各地方自治体の政策に相当の差異が認められることから、地方自治体が行政の執行に当たって、自らの環境特性に見合った独自の対応をしていることが推測できる。今後、一層の地方分権が進められるので、この傾向はますます顕著となってくるに違いない。

したがって、地方自治体の政策を考えるためには、法律や制度の面からのアプローチはもちろんのこと、組織の実態に即したアプローチも必要となる。地方自治体現場の実態にアプローチすることによって、現代地方自治体の政策展開の全体像に迫るための新たな地平が開けてくるのである。本書は、「現場において、どのように業務がデザインされ、具体的な手順手続がプログラムされているのか、あるいは、法律や条例等の上位規範を現実に適用するに当たって、どのように判断がなされているのか、公式あるいは非公式の調整がどのように進められているのか」等を探ることによって、行政実態の一端を描き出すことを基本的な研究課題としている(3)。

なお、行政実務の実態を重視すべきであると言う意識は、行政法研究者の間にも広がってきているようである。阿部泰隆（一九九七ａ）は「日本で生きている（べき）法を解明しようとすると、法の対象となる社会の実態や生身の人間の行動原理・心理を理解する必要がある。」(四四頁)と述べている。また、大橋洋一（一九九六）は「具体的にいうと、事実上の行為・拘束力の弱い行為を考察の射程から除外しないこと、間接的な規制手法の分析を進展させることが今後は肝要となろう。その前提として、行政実務の実態を的確に描写できる場を公法学の中にも確保することが大切と思われる。」（一四頁）と述べている。このような学界の動きを鈴木庸夫（一九九四）は行政法学における「新傾向」として紹介している。

以上のような研究者の間に広がってきている現場実態重視の意識に応えるためにも、現代地方自治体における現場の行政実態を描き出すことが強く求められているのである。

三　行政現場の実態を描き出すための方法

(1)　現場の作業の性質

行政を機械的な法規の執行とみなす見方が不適当であることは、自治体職員の作業を見ればはっきり分かる。現実の地方自治体職員は決して機械的な作業に終始しているわけではない。現代地方自治体の事務の実態は極めて多様であり、組織全体を通しての統一的な説明はほとんど不可能である。第一節に述べたような変化を加味するならば、国の行政組織と異なり、地方自治体（特に市町村の場合）

は厳密な意味で官僚制組織と言えるかどうかさえ定かではない。さらに、最近、地方自治体業務の多様性は一層拡大する傾向を示している。

したがって、現代地方自治体を取り巻く環境と組織の多様性とその質の変化を理解しない限り、組織変革の正しい処方箋を用意できない。現代地方行政組織の活動は、伝統的な行政法理論や行政学の守備範囲をはるかに超えた領域にまたがっており、現代地方行政の実態に迫る学際的なアプローチが必要となっている。

(2)　学際的アプローチの必要性

複雑多様化した現代地方行政の実態に迫るためには学際的アプローチが不可欠である。学際的アプローチの必要性について、大橋洋一（一九九六）は「法規範と実務の実態との大きな乖離、法律の執行の慢性的な不足などに直面し、現代公法学、とりわけ行政法学の変革は、隣接諸科学からも要請されている。こうした状況の中で、改革の一つの方向として、行政法学に（これまで連携のよくなかった）行政学・法社会学等の知見を導入すべきであるといった認識が次第にではあれ浸透しつつあるように考える。」（二七五頁）と述べている。社会学、組織心理学、文化人類学、経営学等に蓄積された組織に関する知見を積極的に取り入れることで行政組織研究の新たな展開が期待できる。現代地方行政を的確に理解するためには、法学的アプローチはもとより関係諸学の成果を取り入れる必要がある。さらに行政現場における問題解決プロセスの実態を体系的に捉える学習方法を確立することによって地方自治体職員の実践的な問題処理能力を高めることに役立てることもできよう。

田尾（一九九〇、二二頁）は、私企業組織の研究を中心に蓄積されてきた組織に関する社会学や経営学上の膨大な知見を地方行政組織研究に安易に転用することの妥当性について警告を発している。しかし、方法論的な面では、社会学や経営学でしばしば用いられる方法を取り入れる余地は大いにありそうである。本書は、社会学や経営学の分野では良く知られているエスノグラフィー（民俗学的エスノグラフィー）を行政組織研究に応用しようとする。

(3) 本書の研究方法

今日、社会科学の全般にわたって、エスノグラフィーは広く取り入れられている。Van Maanen（一九八八）は、「エスノグラフィーは今や政治学、法学、社会心理学、精神医学、社会福祉論、広告、行政学、コミュニケーション論、経営学、教育学、コンピュータ科学、認知科学、犯罪学及び政策学の分野で見られる。」（二四頁）と述べている。本書の基本的な方法である「エスノグラフィー」は、本来的には文化人類学者が他文化社会の中に住み込んで、そのコミュニティの習俗や文化を理解するための方法であった。未開部族の行動や習俗等を濃密に記述することによって未開部族の文化や社会の構造を明らかにすることがエスノグラフィーの目的である。この方法をシカゴ学派の社会学者が取り入れ、都市社会の研究に応用したのである。

エスノグラフィーの利点は、研究する者と研究される者との間に截然と区分線が引かれることなく、研究される者の視点で記述ができるというところにある。研究者は「現場の人々がどのように生活を送り、どのようにして日常的な活動をおこない、どのようなことがその人たちにとって重大な意味をもち、また何故そう思うのかなどについて、内側の視点から観察するのである。」（エマーソン、一九九八、二四頁）

内側の視点から観察を行うには、公式組織の観察においてはとりわけ、多くの困難を伴う。大きな組織の文化や構造を理解しようとすれば、長期にわたる継続的なリサーチが必要となるが、組織の中に深く入り、長期間にわたって内部者の視点から観察を続けることは難しいからである。その意味で、筆者は地方自治体組織のエスノグラフィーを書く上で極めて有利な位置にいる。つまり、本書は筆者の二〇数年に及ぶ組織観察に基礎を置いており、長期間わたって未開部族の地に住み込み調査してきた文化人類学の研究者と同様の研究上の利点を持っていると言えるからである。

さらに一九九五年に勃発した阪神・淡路大震災では、人生の中で一度出合えるかどうかという貴重な体験をし、多くの有益な知見を得た。ここで得られた知見は定量的に捉え切れない豊かさを持っており、その全体像を活き活きと伝えるにはエスノグラフィーが最も相応しい方法であると考える。

四　定性的研究の豊かさ

右記の困難さがあるためか、地方自治体の現場を内部者の目で捉えたエスノグラフィーはほとんど無いようである。その意味では、本書は新たな視角とデータを提供することによって地方自治体研究に貢献できる可能性を秘めていると言えよう。そこで、エスノグラフィーを中心に定性的研究法の豊かさについて、いま少し考えていくことにしたい。

組織の研究にあたっては、定量的アプローチと定性的アプローチが考えられるが、組織現象を正確に把握するためには両方のアプローチが必要であることは論を俟たない。デュルケームの古典的な研究を引き合いに出すまでもなく、統計データは社会現象を適確に説明するには欠かせない素材であり、定量的方法は、理論的な枠組を組み立て、事実を客観的に説明するための強力な武器となる。そして、自然科学の豊かな成果の影響も受けながら組織に関する多くの定量的研究がこれまでに行われてきた。

ところが、人間は「物」とは異なり、意思と個性を持つ存在である。意思を持たない「物」を扱うのと同じような説明の対象に止まるわけではない。過度の実証主義と還元主義は人間の本質的な部分を見落としてしまう危険をはらんでいる。このため、個人の集合体である組織を理解するためには、定量的な視点とは異なる視点も必要となってくる。

定量的な方法では拾い上げ難い面にアプローチするための方法が定性的方法である。「実証主義者は自然科学のリサーチモデルを取り入れながら、アンケート、一覧表や人口統計等、統計分析に馴染むデータを取り出すことのできる方法を通して現象を説明する原因を探るのに対して、現象学者は、参与的観察、（執拗で深い）聞き取り調査、その他の記述データによる調査等の定性的方法を通して現象を理解しようとする」（S.J. Taylor & R. Bogdan, 一九八四、二頁）のである。

例えば、物理学の研究において「研究されるもの」が「研究者」とは違う独自の意識を示す状況は考えられない。しかし、社会科学ではそれが常態である。「研究されるもの」も「研究者」も同じ人間であり、研究対象を「もの」として扱うことは難しい。「研究されるもの」は研究者とは異なる独自の見方や意識を持っており、研究者の見方に無理やり当てはめて、社会現象を説明したとしても、実態からの乖離は否めない。したがって、組織現象を理解するためには「研究されるもの」の側に着目したアプローチが不可欠となるのである。

ところで、定性的研究を志す者の多くは現象学と呼ばれる長い歴史を持つ哲学を背景とする知的伝統の影響を受けている。現象学は通常の人々の視点から社会現象を理解しようとし、人や社会を細切れの要素に還元するのではなく、その全体性において理解しようとする。このようなアプローチを支えるものこそ、定性的研究法から生み出される様々な記述データなのである。そして、そのような記述データに注目することで「研究されるもの」の見方を理解する道が開かれる。金井壽宏（一九九四）が「重要なことは、書斎から出てくる『経験離れした（experience-distant）』概念ではなく、現場から生まれてくる『経験近接の（experience-near）』概念を明らかにすることであり、それが社会現象を内部者もしくは当事者の見方で捉えるということなのである。」（一〇七頁）と述べているように、現場経験への近接が組織の実態を理解するカギとなるのである。

G. SymonとC. Cassel（一九九八）は、組織研究における定性的研究の方法として、ライフヒストリー、アナリティック・インダクション（分析的帰納法）、会話分析等、多様な技法を紹介している。ここでは、それらの技法の詳細を紹介するだけの余裕は無いので、エスノグラフィーに的を絞って議論を進めていくことにしたい。

エスノグラフィーは本来的には文化人類学者が未開社会へ入り込んで異文化を理解するためのフィールドワークの技法として洗練されてきた。しかし、現代社会の組織研究においても有効な方法であり、例えば、米国の警察組織に関するエスノグラフィー（Van Maanen, 一九八三）、日本のホワイトカラー（銀行）のエスノグラフィー（Rohlen, 一九七四）、京都の暴走族のエスノグラフィー（佐藤、一九八四）等の研究がある。

先にも述べたようにエスノグラフィーの大きな特色は、研究者の見方（理論）で社会現象を説明するのではなく、研究の対象者の見方に立って社会現象を理解しようとするところにある。組織、さらには人間に係わる豊かな情報、ことに数値化できない情報を適確に捉えるうえで有効性を発揮する。エスノグラフィーには様々なタイプがあり、定性的アプローチに止まらず、定量的アプローチを行う研究があることからも分かるように必ずしも定型的なモデルがあるわけではない。Van Maanen（一九八八）はエスノグラフィーを実録型、告白型、印象派型に分類している。取り扱う対象や記述の文体等は書き手によって異なっても、現場の日常生活に密着して記述するという姿勢がエスノグラフィーに共通して認められる特色である。

例えば、C．カスタネダ（一九九三）はメキシコのヤキ族の呪術士ドンファンに密着して特異な精神遊離の体験を記述している。E．サザーランド（一九八六）は詐欺師コンウェルの経験にもとづいて詐欺師の世界を活き活きと描き出して見せた。また、宮澤節生（一九八五）は第一線刑事の意識と行動について本格的な参与観察を行っているし、金井壽宏（一九九四）はボストンの企業者ネットワークについてエスノグラフィックな記述を行っている。これらの研究は、定量的な分析では見落としがちな豊かなフィールドの日常世界をエスノグラフィーによって描き出し得る可能性を示している。(4)

本書の眼目はエスノグラフィーによって、行政現場の実態を描き出すことにあり、行政実態を把握する方法を探るところにある。いわゆるハードデータにもとづく定量的分析は、地方自治体の政策立案の基礎資料として不可欠のものではあるが、よりきめこまかな政策策定を行うためには定性的ないわゆるソフトデータも必要となる。ハードデータとソフトデータが両々相俟って行政現象や制度の意味をより深く理解することができるのであり、また、より実態に即した公共政策の立案・策定に役立てることもできるのである。

五　先行研究の検討

次に本書の研究対象に関係の深い先行研究を見ていくことにしたい。先にも述べたように行政の実態に目を向けるべきであるという主張は研究者の間でも着実に増えてきている。ここでは行政実態に着目した研究を一瞥していくことにする。

⑴　ストリート・レベルの官僚制研究

行政組織の研究では、ウエーバー以来の官僚制研究の伝統を受け継いで、ともすれば行政組織に抽象的、理念的な側面からアプローチする姿勢が目立ち、現場の第一線職員のレベルに目が向けられることは比較的少なかった。これまで消極的な評価しか与えられてこなかった第一線職員の裁量の意義に光を当てたのが、いわゆる「ストリート・レベルの官僚制」に関する一連の研究である。

ストリート・レベルの官僚制研究で有名なリプスキーは、ストリート・レベルの官僚及びストリート・レベルの官僚制について次のように述べている。「仕事を通して市民と直接相互作用し、職務の遂行について実質上裁量を任されている行政サービス従事者を、本書では〈ストリート・レベルの官僚〉と呼ぶことにする。またこのストリート・レベルの官僚をその必要な労働力に応じて相当数雇っている行政サービスのための組織を、〈ストリート・レベルの官僚制〉と呼ぶことにする。ストリート・レベルの官僚の典型的な例は、教師、警察官やその他の法の施行に携わる職員、ソーシャル・ワーカー、判事、弁護士や裁判所職員、保健所職員、そして政府や自治体の施策の窓口となりサービスの供給を行うその他の公務員などである。」（リプスキー、一九八六、一七－一八頁）

リプスキーは、市民と直接接触する「ストリート・レベルの官僚」がその業務の多様性にも拘わらず、非常に良く似た状況に置かれていることを示し、「ストリート・レベルの官僚制」の研究を通して第一線職員は決して機械的に法律の執行に当たる者ではなく、市民との相互作用の中で自ら裁量的判断を行う存在であることを明らかにした。行政の第一線職員に着目したリプスキーの研究は、その後のパブリック・エンカウンター研究の展開へとつながっていった。

リプスキーの研究は行政組織の第一線職員に着目したアプローチに道を開いた。しかし、理論的な分析に重点が置かれ、現場サイドの実態を必ずしも明らかにしていない面が見受けられる。特に第一線職員自身の声は聞こえてこず、現場サイドの具体的なイメージを掴むことは難しい。さらに、当然のことながら、我が国とは状況がかなり異なる米国の事例が取り上げられているため、リプスキーの分析用具をそのまま我が国の地方自治体組織研究に応用することはできない。ただ、リプスキーの問題提起は、これまでともすれば無視されることの多かった我が国の地方自治体現場の研究に一つの足掛かりを与えるものであると言うことはできる。

リプスキーによって始められたパブリック・エンカウンター研究を我が国の事例に当てはめた試み

としては畠山弘文の研究がある。畠山（一九八九）は、警察、税関、学校や福祉事務所等の業務を通して、共通するストリート・レベルにおける第一線職員権力の構造分析に取り組んでいる。「善意による支配」という興味深い切り口で「第一線職員裁量の広大な領野」（四四一頁）に光を当てた。畠山は、「否定しがたい権威の言葉としての善意が第一線職員活動を規定することにより生じるクライアントへの関与、これが善意による支配である。ここでは、第一線職員は挑戦されることのない高みから利益を施すという、権威的な構造がレトリカルにまたある程度行動によっても支持される。自己中心的な利他主義である強権的善意の現実的効果として『利己的な情深さの要素が拡大され』、矯正の強制が実現する。」（四三二―四三三頁）と述べ、第一線職員権力論を展開している。

畠山（一九八九）が「本書は、行政機関の第一線職員とみなされた人々がどのように職務に携わるかについて均衡のとれた見通しを可能とするような一つの枠組を提供しようとする試みである。」（一〇九頁）と述べているように、この研究では第一線職員権力の構造分析に力点が置かれている。第一線職員が日常用いる戦術や判断の枠組等に関する検討が為されているが、研究する側の視点からのアプローチであり、研究される側、つまり、第一線職員の側の視点からのアプローチは見られない。さらに、第一節ですでに触れたように、第一線機関と第一線職員との対立、第一線職員とクライアントとしての市民との関係等に関する理解は、やや図式的に過ぎるように思われる。特に、「まちづくり」の分野では、市民は単なるクライアントとして第一線職員と対峙しているわけではなく、協働の担い手としての役割が期待されており、市民あるいは市民団体の重要性は従来にも増して高まってきている。

また、畠山の現場に関する情報は、基本的には各種の報告書や内部暴露本等の二次資料から得られているため、必ずしも現場の実状を反映していない面も見受けられる。したがって、第一線職員の置かれている状況をより深く理解するうえで、エスノグラフィックな研究が貢献できる余地は大きいように思われる。

(2)　ポリシー・インプリメンテーション研究

森田朗（一九八八）の研究も、行政の執行活動に目を向けている。森田は、米国や英国におけるポリシー・インプリメンテーション研究に影響を受けながら、行政と社会の関わり方を研究する分析枠組みを構築していった。森田は「法律や条例などは、その執行を担当する行政機関の大規模で複雑な活動によって、また、錯綜した手続を経て、ようやく私たちのふれることのできる〝行政〟になるのである。この複雑な過程の実際を知ることなくしては、私たちの生活に〝行政〟がどのように関っているかを理解することはできないし、また、その複雑な過程を私たちの側から制御できなくては、政府の民主的な統制を行なうこともできないといわなければならない。」（四頁）と述べている。そして、森田は「実際の事例の観察をとおして、〝行政〟の過程を明らかに」（五頁）することを目的として行政の執行活動の実態分析に取り組んだ。森田が取り上げた事例は自動車運送事業に対する規制と運輸省の行動であった。この事例研究を通して、現実の執行活動が法令を機械的に適用するという単純な活動ではなく、法令の規定を超えたはるかに複雑な過程であることを明らかにした。そして、「行政機関に対する有効なコントロールの方法を見いだすためには、その前提として、現実の執行活動についての詳細な実証研究が不可欠である」（三〇八頁）ことを示した。

森田の研究でも、執行活動の実態に関する主な情報源は業界紙や行政監察報告書等の二次情報である。運輸省及び業界の活動の一般的なパターンを把握することを目的としていることと内部資料の入手が困難なため、業界紙等の資料に依らざるを得ない事情を窺うことができる。しかし、執行活動についての詳細な実証研究を行うためには、内部に視点を据えた事例研究が必要になると思われる。その意味で地方自治体エスノグラフィーは、行政の実態研究に有益な情報を提供できる可能性を秘めており、取り組むに値する試みである。

(3)　地方行政組織の実証的研究

次に地方自治体を直接の素材とした研究を見ていくことにしたい。行政組織研究の対象としては国家組織が取り上げられることが多く、地方自治体を対象とするものは少ない。先に言及した畠山の研究も生活保護や学校の事例等、地方自治体に関連のある部分はあるものの、直接地方自治体の業務を対象とするものではなかった。そこで、まず地方自治体に関する実証的研究として田尾雅夫の研究を見ていくことにしたい。

田尾（一九九〇）は、地方自治体の特質として住民をはじめとする外部条件に柔軟に対応する必要があることから、地方自治体が外部に対して開かれた組織構造をとらざるを得ず、伝統的な官僚制モデルだけでは捉え難い組織であることを指摘している。田尾によれば、地方自治体は「官僚制を示す特徴があるとしても古典的な理念型において想定されたような類型からは最も遠い組織」（一三八頁）であり、「官僚制として整然と秩序を保ちながらその目標に向うという合理的なモデルでは捉えられない。」（一三七頁）のである。

さらに田尾は「地域社会の利害をめぐる状況の混沌に困惑しながら、場合によっては柔軟に、場合によっては硬直的に対応しているのが、組織としての自治体の現実であるといえよう。」（一三七頁）と述べている。そして、田尾は公的組織と私的組織との差異に関する理論的な問題について文献レビューを行うとともに、アンケート等により実証分析を実施した。田尾は「本書の意図するところは、この自治体の管理運営に関する方法手続について、新しい知見とそれの適用可能なモデルを提示することである。」（五頁）と述べている通り、その研究を通して私的企業との比較において、地方自治体の組織としての特質と管理運営の特色を示しながら、激変する環境への対応を余儀なくされている現在の地方自治体を適確に把握するための分析モデルを模索している。

とりわけ市役所課長の管理行動の分析を行っている部分は、自治体の内部にいる者としては非常に興味深く、説得力もあるように思われるし、「結局、地方自治体を支えるのはポリティカル・マネージャーとしての資質を備えた管理者でなければならない。」（田尾、一九九〇、二八八頁）という結びの言葉にも共感を覚える。しかし、自治体現場の実感から違和感を覚える部分もある。田尾自身も認めているように、今日の自治体業務は多岐にわたり、その業務内容は多種多様であるため、過度の一般化は危険である。

分析の用具としての理論モデルは、もちろん必要である。しかし、組織現象は単に概念的な「説明」の対象であるに止まらず、現場の人々が理解するのと同じように「理解」されなければならない。現場では、人々は暗黙知を駆使してコミュニケーションを図っている。まさに「我々は語ることができるより多くのことを知ることができる」（Ｍ・ポラニー、一九八〇、一五頁）のである。暗黙知とは「言語的・分析的な知」に対する「非言語的・包括的な知」のことである。我々の日常のコミュニケーションや理解の方法がこれら二つの知によって支えられていることは、ガーフィンケル等、いわゆるエスノメソドロジスト達の研究からも明らかである。[5] 地方行政の現場を深く理解しようとすれば、分析的なアプローチに加えて、現場のコミュニケーションや現場の人々（メンバー）が日常用いる認知の方法等の側面にも目を向ける必要がある。そして、エスノグラフィーはそのための強力な武器を提供してくれるはずである。

次に、地方自治体の環境適合と組織の変革に焦点をあてた研究として田中豊治の研究をあげることができる。田中（一九九四）は、社会学や経営学の組織に関する多くの知見を援用しながら、地方自治体を取り巻く環境の変化と組織変革について論じている。

田中（一九九四）は「本研究の中心的課題は、現代地方自治体における行政組織変革の社会学的分析を通して、従来の行政官僚制原理に対抗しうる脱官僚制化のための新しい理論的・実証的・実践的な行政組織モデルの発見と構築を目指したものである。つまり、現代自治体が、現在の状況が強いる切実な厳しい行政課題に対し、いかに対応し、かついかなる方向を模索しつつあるのかについて現実分析してきた。」（五四七頁）と述べている。田中は、状況適合理論、組織開発論、組織変動論などの理論モデルや命題に依拠しながら地方自治体変革を視野に収めるための「行政組織変革論」という基本的パラダイムの全体像の構築を目指し、官僚制組織論に対抗し得る「脱官僚制組織論」モデルを示した。つまり、官僚制や組織に関する先行理論モデルの検討を通して、伝統的な官僚制組織論モデルによるアプローチの限界を明らかにし、「行政官僚制論から行政組織論へ」の視座転換を提唱しているのである。

また、田中は各都市の組織変革のケーススタディを通して、官僚主義を克服するための動態的組織の検討・導入の経緯及び問題点を論じている。田中（一九九四）は、プロジェクトチーム、マトリックス組織、さらには主管者制度（スタッフ職の活用）等の動態的組織は、スタッフ職としてのスペシャリストの活用を目的としながら、実態としては不十分な結果に終わっていることを明らかにした。そして、田中は、組織変革には究極的には職員自身の行動パターンの変容が不可欠であり、成員の能力や態度を対象とする人間的アプローチが必要であることを指摘している。

さらに、田中は自治体内・外・間の相互交流、相互派遣を可能にする「ネットワーク型組織モデル」としての開放型行政組織に論及している。田中（一九九四）は、「自治体の組織目的は否応なく変化・変容（多様化・多目的化）を余儀なくされ、単なる法律の執行機関（執行機能者）だけでなく、いわゆる『まちづくり型自治体』『政策集団』として、地域社会全体の政策課題を発見し、企画立案・策定（決定）して、実行かつその結果責任をも負うべきであるというように位置づけられるようになってきた。」（五五〇頁）と述べており、地方自治体を政策集団たらしめるための開放型行政組織の態様、それを支える職員のあり方や「まちづくりセンター構想」等について議論を展開している。

田中の研究は、地方自治体変革とその変革を支える職員の意識改革、さらには住民との協働のあり方等、今日、自治体が直面している問題について組織論の観点から論じている。単なる制度論的・機構論的アプローチではない組織論的アプローチは政策主体としての自治体を考える際に不可欠の視点である。さらに、学際的な「自治体学」の構築が必要であるという見解も説得力に富んでいる。

しかし、田中の研究も理論モデルの構築が中心の課題となっているため、具体的な問題解決の知恵を引き出し得るような「現場の息遣い」は伝わってこない。激変する環境の変化に対応を迫られている自治体の現場が求めているのは、問題解決のための具体的な知恵であり、戦略である。従来、地方自治体現場での問題解決のプロセスを詳らかに記録した資料はほとんど無く、あったとしても断片的な報告書か、内部暴露本の類しかなかった。田中の言う「職員主体の行政組織論」「住民主体の地方自治論」（五六〇頁）を実りの多いものとするためにも、地方自治体エスノグラフィーは有効な方法を提供できるのである。

⑷　行政組織の人事政策に関する研究

行政組織変革を考えるうえで人事政策は重要な要素の一つである。この分野の研究として、次の二つの研究を見ておくことにしたい。

一つは、稲継裕昭の研究である。稲継（一九九六）は、民間企業さらには諸外国の公務員制度と我が国における国家公務員及び地方公務員の人事制度の比較を行い、我が国の公務員の人事制度の特色を実証的に描き出している。稲継は、我が国の国家公務員制度、地方公務員制度が個々の公務員のインセンティブを引き出す装置をもっていると指摘し、「インセンティブ・メカニズムからみて構成員全員（キャリアのみでなくノンキャリアも含めて＝部内均衡重視型）の献身を引き出す人事・給与システムと、曖昧な職務区分・協働システム・大部屋主義といった職場組織・執務形態とが、熟練を形成し、公務部門全体の『生産性』を高め、また、リソースを最大限動員する形となっている」（九九頁）と述べている。そして、近時、職員の高学歴化、高齢化、組織膨張の停止に起因するポスト不足のため、従来有効に機能してきたインセンティブ装置、とりわけ「おそい昇進政策」（早い時期からスターを選別しない政策）の維持が困難になってきていると主張している。

稲継の研究上の視点は、現場の感覚から乖離した組織中枢の人事部門の見方に偏りすぎているように思われる。特に大規模自治体の場合、現場と組織中枢との間にある種の温度差が見られるのは一般的なことであると思われるが、現場は必ずしも人事担当部局の考えているようには動かないものである。現場の論理は人事の論理とは違うのである。昇進管理の面だけから組織を捉えることはできない。昇任・昇格・転任等、人事に関する事柄は公務員にとって最も関心のある話題であることは確かだが、それがすべてというわけでもない。現場の実態を理解するためには、やはり、より深く内部に入り込んだアクターの立場からの研究が必要となるのである。

もう一つは、早川征一郎の研究である。早川の研究は国家公務員のキャリア形成プロセスに焦点を当てている。一般公務員と高級公務員の昇進システムを具体的な事例を交えながら描き出している。早川（一九九七）は自らの研究について「それは、現代日本国家論の一領域、一側面に限定はされるが、あくまで抽象理論的であることを避け、現代日本国家をvisibleなものとして描き出し、もって現代日本国家の研究に寄与することを意図している。」（五頁）と述べている。法学的、経済学的な視点から国家公務員のキャリア形成過程を詳しく描き出した研究である。しかし、現代日本国家をvisibleなものとして描き出すためには、制度の背景に隠された現場の実態を探る視点も必要であろう。

以上、関連する先行研究を見てきたが、本書と競合的な関係に立つ研究は無かった。行政の現場実態を重視するという視点に共通性を認めることができるが、取り上げた現場の状況やアプローチの仕方を比較すると、本書とそれらの研究とは大きく異なっている。したがって、研究戦略的には、本書を、これまでほとんど研究対象とならなかった地方自治体の組織内部に内部者の視点で光を当てるニッチクリエーションの研究として位置づけることが可能である。比較的アクセスの困難な組織内部の境界面から地方自治体組織のイノベーションの態様を捉えようとする本書は、地方自治体に関する新たな研究の展開に向けて多大の貢献ができるものと考える。

第二章　まちづくりプロジェクトチームをめぐる自治体職員の意識

一　地方自治体における組織変容の兆し

前章で明らかにした研究課題へのアプローチの第一歩として、本章では、「まちづくり行政」における現場状況の変化をとりあげる。

近年、地方分権の流れを反映して都市計画事業のスタイルが大きく変わろうとしている。社会経済状況の急激な変化に伴い我が国の都市計画やまちづくりを取り巻く環境は大きく変貌を遂げてきた。このため、九二年の都市計画法改正による都市計画マスタープランの導入など、社会環境の変化に対応するために各種の制度改正が行われてきている。

また、住民主体のまちづくりに大きな関心が集まり、地域の住民が主体的にまちづくりプランの作成に取り組むような事例も見られるようになってきている。これまでのように大規模なインフラ整備に重点をおいた都市基盤整備ではなく、そこに住む人々の生活の質を高めていくことを目的とする成熟社会のまちづくりが我が国でも模索される時代を迎えている。つまり、住民の主体的な参加を念頭に置いた事業形態に大きくシフトしようとしているのである。これまでは、都市計画と言うと、市街地再開発事業や土地区画整理事業等の事業イメージで捉えられることが多かった。しかし、良好な都市環境を形成するためには都市計画事業だけでこと足りる訳はなく、ソフトの面も含めたより広範囲の手法が必要であるとの認識が広がってきている。ひらがなの「まちづくり」という表記法が広く用いられるようになった背景には、このような意識がある。

一方、目を組織内部に転じると、これまで述べてきたような地方自治体現場の状況の変化を反映して組織変革の兆しが各地に現われてきている。特に縦割り組織の弊害を克服するための組織横断的な工夫が各地の地方自治体で見られるようになってきている。とりわけプロジェクトチーム方式は多くの地方自治体で採用されている。職員間の情報の流れを円滑にし、迅速な決定と事務の執行につながる場合もあれば、名前だけのプロジェクトチームの場合もあるようだが、プロジェクトチームの運用実態を調べることで現代地方自治体組織の抱える事務執行上の問題点を探り当てることができる。仕事の仕方が変われば、組織のあり方も変わらざるを得ない。地方自治体の中には一種のマトリックス組織である地域担当職員制度を導入しているところもある。住民、職員、企業、大学等、地方自治体のステークホルダーを巻き込んだ地方自治体の一大変革のプロセスが今まさに進行中である。

現代地方自治体を取り巻く環境の変化とそれに地方自治体がどのように対応しているのかを的確に把握するため、最近、全国的に話題となることの多い「まちづくり」と「プロジェクトチーム」をキーワードとして、各地の地方自治体の動きを見ていくことにしたい。

二　各地における「まちづくり」の展開

1　協働のまちづくりの模索

世田谷区では全国に先駆けて、一九九二年に「まちづくりセンター」が世田谷区都市整備公社内に開設されており、まちづくり公益信託や「まちづくりワークショップ」等先進的な取り組みが繰り広げられている。特に「まちづくりワークショップ」の実践講座には、各地の自治体職員も多く参加しているほか、各種の出版物も手がけ、まちづくり人材育成の面で積極的な活動を展開している。

世田谷まちづくりセンターの様々な取り組みの中でも、とりわけ「まちづくりワークショップ」や「まちづくり活動支援」の面で注目すべき成果があがっているようである。同センターは、米国でよく用いられているワークショップ技法を「まちづくり」に取り入れた先駆者と言える。現在、各地で取り組まれている「まちづくりワークショップ」では、住民が行うグループワークを地方自治体職員、コンサルタントや大学関係者等のスタッフが支援するという形で運営されることが多いが、この原型を確立したのが世田谷まちづくりセンターの関係者である。

例えば公園づくりを例に取ると、従来型の進め方ではプランづくりから設計・施行に至るまで地方自治体主導で進められることになるため、関係住民の意見を事業に反映させることは難かった。これに対して「まちづくりワークショップ」方式ではワークショップ技法を介在させることによって多くの住民の意見を行政側の計画に盛り込むことが可能となるし、住民側から言っても「ワークショップ」というグループワーク（公園イメージについてのブレーンストーミング、公園の模型作成、まち歩き等の具体的な作業）を通して公園計画の全容を容易に理解できるという利点が得られるのである。

最近、各地の地方自治体では「ワークショップ」に積極的に取り組む事例が増えてきている。例えば神戸市では第二部で紹介する通り「こうべまちづくりセンター」を一つの拠点として「まちづくりワークショップ」を実施し、成果をあげてきている。このような動きは地方自治体における現場の位置づけの変化を示す一つの兆候である。

これまでは住民が地方自治体の窓口に出向いて行って始めて具体的な処理が進められるというのが現場の事務処理の基本的な構図であった。しかし、地方行政が専門化するに伴い組織は細分化され、一般住民にとって窓口がどこかを知ることすら難しいという状況が生じてきている。特に技術性の高い「都市計画」「環境」等に関わる分野の問題については、問題点の整理を行ってから担当窓口に出向かないと余分な手間をかけることを余儀なくされることにもなりかねない。

2　まちづくりセンターに見られる現場組織の変容

このような事情を背景にして、自治体現場では担当窓口で住民が相談や申請に現れるのを単に待つのではなく、総合的な第一次窓口の機能を持つワン・ストップ・サービス・コーナーを設けたり、職員が住民の側へ説明に出向いていくような事例も多く見られるようになっている。各地で進められている「まちづくり支援センター」の整備の動きも実は上記のような住民ニーズに応えるための試みと言える。(6) 各地の「まちづくり支援センター」は基本的には①活動支援機能（窓口相談、普及・啓発、場所・機器等の提供、活動助成等）②情報支援機能（情報収集、情報提供、情報分析、情報のストック）③人材育成機能（研修、交流）④調査研究機能（まちづくりに関する調査研究、シンクタンク）等の機能を備えている。これらのセンターでは従来型の施設設備の提供に止まらず、職員が積極的に住民のボランティアグループ等と手を携えて「まちづくり」「環境保全」等のテーマごとに協働を進める試みが始められている。

また、豊中市では政策推進部の中に「まちづくり支援室」を設置し、各種のまちづくり支援事業を実施している。ユニークな支援策として「まちづくり支援チーム」の派遣があげられる。この派遣制度は、「豊中市まちづくり条例」に基づき、市内各地のまちづくり活動を支援するために、市職員をまちづくり支援チームとして派遣することを内容としている。（豊中市まちづくり支援要綱第一条）

豊中市では、まちづくり条例に基づく専門家派遣制度と連携させながら、まちづくりを初動期から支援する体制を整えている。まちづくり支援チームの主な役割は①まちづくり活動団体の組織づくり及び組織運営についての助言、②まちづくりに関する基本的な情報の提供、③会議の運営方法についての助言、④まちづくりの構想づくり及びイベント等の進め方についての助言、⑤まちづくりに活用できる事業、制度についての説明、⑥視察・調査先の選定についての助言、⑦その他となっている。（前掲要綱第二条）

豊中市政策推進部まちづくり支援室の芦田英機室長（一九九七年当時）は、筆者のインタビューに対して、支援室の位置づけについて次のように語っている。「地域リーダーと話をする時には、地元を一番良く知っている者をもっていく話になるが、反面、庁内セクションとの連携も必要となる。そして、庁内セクションと地元との間に支援室が入ることが望ましい。なぜならば、地元情報に通じているとともに各関係先に対する交通整理ができる部門が必要となるからである。また、実際にそのような役割を担う助っ人が要る。支援室は、まさに地元と庁内各セクションを繋ぐ役割を果たそうとしており、プレイヤーとプレイヤーとの隙間にあって、あちらからこちらへとパスされるラグビーボールのような存在ではないかと考えている。」芦田室長のこの発言は、多くの地方自治体が現在進めている市民・事業者・行政による協働型まちづくりの核心を言い当てている。

まちづくり支援チームは、市内各地のまちづくり団体の活動を支援することによって地元情報の把握、地域におけるネットワークづくりの面で効果を上げ得るだけでなく、職員の資質向上を図るための貴重な体験の場ともなっている様子が窺える。

以上、述べてきた通り地方自治体現場の姿には変化が見られる。従来型の窓口の後ろに控えてクライアントとしての住民が来るのを待つスタイルから職員が地域へ出向き住民ニーズに対応していくスタイルに重心が移ろうとしており、住民と組織とを繋ぐ位置にある地方自治体現場の職員の位置づけも変わらざるを得ない状況が発生している。次に現場職員の位置づけの変化に焦点を合わせて考察を進めていくことにしたい。

三　境界的アクターとしての地方自治体職員像の再定義

(1)　地方行政の専門化と総合的マネジメントの必要性

現代地方行政の専門化の進展とともに、行政分野は細分化され、いわゆる縦割りの弊害が指摘されている。現代社会の高度な専門性、技術性に対応するためには、現代地方行政組織が細分化された専門分野に分かれていくことは不可避である。組織の情報負荷を軽減するためにも組織の細分化は当然の流れである。

しかし、資源の有効活用、事務の効率化、住民参加の保障等の観点からの総合的なマネジメントは絶対に必要である。その意味で現代地方自治体は、専門性への対応と総合調整の必要性というディレンマに直面している。したがって、地方自治体（特にまちづくり行政の分野）における政策展開の基本には、このディレンマの解消が据えられなければならない。そして、このディレンマ解消の決め手は極めて常識的ではあるが、人と組織である。各地で展開されている「まちづくり支援事業」は、住民と行政を繋ぐ「人と組織」づくりのニーズに応える具体的な政策であると評することができよう。

巨大化した現代地方自治体にあっては、職員ですら自らの自治体業務の全般を的確に把握することが困難となっている。このような状況では住民にとって担当窓口を見つけるだけでも一苦労ということになる。しかも、無事に担当窓口を探し当てたとしても、内容によっては所管が複数の部局にまたがっているため、すぐには結論を得ることができない場合もあり得る。したがって、多様な住民ニーズを的確に交通整理し、関連する部局間の調整を行い、適時適切な対応ができるシステムが不可欠となっている。まさに豊中市の芦田まちづくり支援室長の言う「ラグビーボール」に対するニーズがかつて無く高まっている事情を各地の事例からも読み取ることができる。

(2)　住民、事業者、行政による協働の必要性の増大

現代地方行政、ことに「まちづくり」関連の分野では、市民、事業者、行政の協働が大きな課題と

なりつつある。パブリック・エンカウンター研究が想定している第一線職員及び第一線機関とクライアントとの相対的な力の差を前提とする関係とは異なり、対等な協力関係を前提とする状況が出てきつつある。そのような状況設定のもとでは、ストリート・レベルの官僚制の議論が必ずしも妥当しない場面が出てきている。各地の事例でも住民の参加を得たワークショップの実施等、住民と行政による協働の仕組みづくりに向けた新たな試みが繰り広げられている。

本章のはじめにも述べたようにパブリック・エンカウンター論の前提となる行政領域は確かに大きく、従事する職員の数も多い。しかし、そこで展開される業務はどちらかと言えば、ルーティンの業務であり、地方自治体戦略の展開を考えるならば、その帰趨を決する場所には位置していない。むしろ、市民、市民事業者、企業等とのパートナーシップを問われる分野の方が戦略的な重要性を持っている。

今日、地方自治体の持つ資源だけで複雑多様な住民ニーズに応えて、地域における政策を組み立て、実行することは難しくなってきている。住民、専門家、事業者の力が相対的に大きくなっており、伝統的な行政法的理解に基づく行政客体の位置づけを超えて地域における重要な資源となりつつある。地方自治体の政策展開にとって「住民、事業者、行政による協働システム」は今や不可欠の要素となっている。

したがって、第一線職員の裁量や権力の構造の分析は重要ではあるが、それだけで今日の多様化した地方自治体職員の機能のすべてをカバーできないことをしっかりと認識しておく必要がある。そうでないと、現在、多くの地方自治体が苦闘している部分を見落としてしまうことになるからである。

以上、地方自治体現場を取り巻く環境の変化について概括的に見てきたが、次に環境の変化に直面している地方自治体職員の意識を探るため、プロジェクトチームに焦点を当ててアンケートを実施した。次章では、その調査内容を紹介する。

第三章　地方行政組織におけるプロジェクトチーム

一　プロジェクトチームの運用実態

第二章で検討したとおり地方自治体の現場に係わる状況に大きな変化が生じてきており、これに対応して組織の面でも各地方自治体で多様な試みが為されている。本章では、各地の地方自治体で広く取り入れられているプロジェクトチームを対象として、地方自治体の組織面での変容の兆しを探ることにする。具体的には地方自治体の職員へのアンケートに基づいて、第一線職員がプロジェクトチームに関してどのような意識をもっているかを検討したい。

まず、プロジェクトチームという組織形態について概念を明かにする。

現在、多くの地方自治体ではプロジェクトチーム呼ばれる柔軟な組織を活用して組織横断的な行政施策の策定実施に当たっている。例えば、横浜市の政策プロジェクトチーム要綱（平成七年六月制定）では、プロジェクトチームを「市政運営上の重点施策の中で、市長の指定する施策を遂行するため、通常の事務分掌組織とは別に各局区から選抜された職員より編成するものをいう」と定義している。多くの地方自治体で導入されているプロジェクトチームも、ほぼこの定義に当てはまるものと思われる。本来的には、プロジェクトチームあるいはタスクフォースと呼ばれる組織は、民間企業において多用されるようになった経緯があり、市場環境の変化に対する企業による組織的な対応の具体的な事例として位置づけられている。そこで、地方自治体におけるプロジェクトチームを論じるに先立ち、一般的な組織理論の枠組に照らしてプロジェクトチームの位置づけを整理しておくことにする。

1　機械的組織と有機的組織

T. BurnsとG. M. Stalker（一九六一）は、スコットランドとイングランドにおける事例研究を通して企業の業種や業態によって組織に特徴的な特性が認められることを明らかにした。この研究は後のコンティンジェンシー理論(7)に大きな影響を与えた。彼らは官僚制に関するウエーバーやグールドナーの研究、管理原則についてのファヨールの研究、公式組織と非公式組織に関するレスリスバーガーの研究（ホーソン工場実験）、セルズニックのＴＶＡの研究、行動科学に関するハーバート・サイモンの

［表１］　機械的組織と有機的組織

	機械的組織	有機的組織
適合する環境	安定的な環境	変化しつつある環境
専門化の態様	事業の全般にわたる問題に対処するために細分化された各職能ごとの専門化	細分化された機能ごとではなく、事業全体に係わる特別な知識と経験に基づいた専門化
職務の定め	職務権限に関する抽象的で詳細な定めが存在し、厳格に適用される傾向がある。	抽象的な定めではなく、組織内の具体的な相互作用を通して個人の職務の範囲が決められる。
組織内の調整	各業務の調整を自らの職務の一部とする上位者による調整(階層構造のすぐ上の上司による裁断)	他者との相互の交流を通して調整と各人の業務内容の絶えざる再定義が行われる。
責任の所在	各機能と関連付けて、権利義務及び仕事の進め方に関して詳細に定義される。	一義的且つ明確に責任の所在は決まらない。各タスクごとに中心となって動く者が責任を負う。
パワーの根源	組織内においてパワーは職位権限に基づいて行使される。	業務に関する専門知識に基づきパワーは行使される。
問題解決の態様	すべての情報はハイアラーキーのトップに集中され、トップが意思決定を行う。情報のトップへの集中によって階層構造は強化される。	すべてをトップに委ねることなく、技術、経営等に係わる情報を持っているところがタスク遂行の臨時センターとなり、問題に対処する。
コミュニケーションの特性	階層構造に基づくコミュニケーションが主体となる。垂直的な関係(上司･部下)の関係によって特徴づけられる。	ネットワーク型のコミュニケーションが主体。垂直よりは水平の関係が濃厚となる。
コミュニケーションの内容	上司から業務に関して指示と決定が伝えられる。	指示と決定ではなく、情報とアドバイスを内容とするコミュニケーションが主体となる。
忠誠心の対象	組織への忠誠と上司への服従が強調される。	仕事や技術への忠誠が重視される。
知識の質	一般的(コスモポリタンな)知識経験やスキルよりも組織固有の内向きの(ローカルな)知識が重視される。	組織外の産業、技術、経営等の情報につながるコスモポリタンな知識が重視される。

(T. Burns & G.M.Stalker、1961、P.119〜P.122の記事に基づき作成)

研究等に論及したうえで、レーヨン産業、エレクトロニクス産業と電気工学産業等の事例研究を通して、会社の置かれている状況によってマネジメントのスタイルが異なることを発見した。彼らはそこから二つのマネジメントスタイルを抽出し、それぞれ機械的組織と有機的組織と名付けた。そして、機械的組織と有機的組織について**表1**のような特徴をあげている。

以上の議論を敷衍して、加護野（一九八六）は次のように述べている。「機械的組織とは、伝統的な管理原則に従った経営組織であり、ピラミッド型の集権構造、職能的な専門化、作業の標準化などの特徴をもっている。それに対して、有機的組織とは、伝統的な管理原則に反した組織であり、ネットワーク型の分権的な組織、各人の知識と経験に基づいた分業、柔軟な職務編成などの特徴をもっている。」（三七八―三七九頁）

これらの記述は、もちろん企業組織に関するものだが、地方行政組織について考察する際にもこれらの類型は有効である。地方自治体組織においても定型的な業務が中心となる安定した環境のもとでは、大規模な機械的組織が威力を発揮するが、革新的・創造的な職務遂行が必要となる不安定な環境のもとでは、環境の変化に追いつくことが難しくなり、より柔軟な有機的組織に道を譲らざるを得なくなる場面が増えてくる。住民の多様なニーズに応えるうえで縦割りの機械的組織の弊害が近年顕著に目立つようになってきており、今日、前章で見たように柔軟に対応のできる組織づくりが多くの地方自治体で重要な課題となっている。

組織を有機化する手段として横断的組織が設定されることが多いが、その代表的なものがプロジェクトチームである。加護野（一九八六）はプロジェクトチームについて次のように述べている。「横断的組織としてよく用いられるのは、タスクフォースあるいはプロジェクトチームである。これは複数の部門間に共通の問題について、情報交換と集団的な問題解決をはかる組織であり、そのような問題が発生すると同時に編成され、問題解決とともに解消される一時的な組織である。」（三八二頁）

以上、略述した機械的組織と有機的組織の概念を借り、特にプロジェクトチームに焦点を当てながら地方自治体組織に見られる現今の変容を跡付けることにしたい。近年、地方自治体においても大規模な機械的組織の制度疲労が問題とされるようになってきている。過去を振り返ると、多くの地方自治体（特に大都市自治体）では、増大する一方の行政ニーズに対応するため、組織は拡大を続け、巨大な機械的組織を形成していった。近年、大都市地域では職員数が一万人を超す地方自治体は決して珍しくはない。組織の巨大化とともに組織の縦割りの弊害や組織の硬直化が問題となり、柔軟な組織運営の工夫が求められるに至っている。

周知のように大規模な機械的組織は二〇世紀の大量生産の時代を彩る特徴的な組織であったが、今日その優位性を失いつつあるように思われる。つまり、機械的な大規模組織がその利点を発揮できない状況が生じてきている。経済界では、これまでのような個性の乏しい大量生産方式から多品種少量生産方式に重心が移行してきている。行政サービスの世界においても、大量一括処理的な事務から多様な行政ニーズにきめ細かく対応することが求められる時代を迎えており、大規模組織の弊害が至るところで指摘されるようになってきた。

大規模な企業組織では、別会社化、分社化の動きも最近になって加速化されてきているようである。組織が大きくなり、官僚的になってくると、円滑な情報の伝達、迅速な意思決定や効果的な資源配分等が難しくなるため、環境の急激な変化に適時適切な対応ができなくなる危険性が高くなる。環境適応への失敗はすぐに業績に跳ね返り、企業の存立そのものを脅かすことになるため、多くの大規模企業では大胆な制度改革が実施された。そのポイントは迅速な意思決定の確保にあり、大規模な機械的組織からの脱皮が真剣に模索されている。なかでも課題解決、特に新規事業の立ち上げなどの場面で、プロジェクトチームが活用され、大きな成果をあげている例も多く報告されている。

地方自治体の場合、基本的には地方自治法や地方公務員法などの法律によって大枠が決められ、柔軟な対応が難しい面が多いが、環境の変化への迅速適切な対応という点では企業組織と同様の問題状況に直面していることも事実である。そこで、プロジェクトチームに対する取り組みに焦点を当てながら、地方自治体の環境適応の問題をより具体的に考えていくこととしたい。

2　地方自治体における組織活性化の指標としてのプロジェクトチーム

特に近年、縦割り組織の弊害の一つの解決策としてプロジェクトチーム方式が注目を集め、多くの地方自治体で採用されてきていることは周知の通りである。その背景には環境の激変、組織の大規模化、官僚制の逆機能等、大規模企業組織を悩ませているのと同様の問題状況が横たわっている。むしろ、環境の変化への迅速な対応という面から言えば、法律の規制の存在や民間企業とは異なりマーケットの圧力が及ばない等、地方自治体の方が不利な状況に置かれているとも言えそうである。

地方自治体の意思形成プロセスは、基本的には時間がかかるようにできている。なぜ、意思決定に時間がかかるのか、どこに問題があるのかを考える場合、プロジェクトチームを一つの指標に使うことができるであろう。なぜ、横断的組織であるプロジェクトチームが頻繁に設置されるのか、また、それは効果をあげているのか、うまくいかなかった場合、その理由は何か、どのような問題意識でプロジェクトチーム方式が採用されたのか、プロジェクトチームの組織内での位置づけはどうだったのか、プロジェクトチームを支えたキーパーソンはどのような人達であったのか、人材育成の方法や組織内での意思疎通を円滑に進めるための工夫はあったか、等の点を掘り下げていくことで、縦割り型の特に大きな地方自治体の組織上の課題や問題点を具体的に炙り出すことができると考え、以下の調査を企画した。

二　調査の概要

先に述べたように近年、地方自治体においてプロジェクトチーム方式が活用されることが多くなったが、意外とその実態は知られていない。そこで、プロジェクトチームに焦点を当てて調査を行い、地方自治体における現時点でのプロジェクトチームの運用実態を探ることとした。

調査の概要は次の通りである。

＜サンプルの属性＞

全調査対象者数：二二九

①　「全国地域づくり先進事例会議in北九州第二分科会（平成九・一一・二七）」の参加者：一三〇

②　神戸大学大学院法学研究科博士課程法政策専攻の修了者及び在学者の内の地方自治体の職員：三二

③　同志社大学大学院総合政策科学研究科博士課程の在学者で地方自治体の職員：二四

④　まちづくり情報センター連絡協議会研修会（平成一〇・三・一七）の参加者：二二

⑤　こうべまちづくりセンターへ調査のため来館した他の地方自治体職員：二一

有効回答者数：八一名（五四団体）

年齢分布二四歳～五九歳、平均年齢三七歳

質問票の送付方法

①及び④については、会場で配布、回収

②及び③については、郵送

⑤については、席上で配布して回答依頼、後日、ファックスなどにより回答を得た。

サンプルの取り方は、無作為抽出ではなく、どちらかと言えば「まちづくり」や行財政改善などに係わる人が多く、データとしては、言わば「業界内部」の意見を反映したものとなっており、それなりに問題意識の高い回答が寄せられている。その意味では、問題を最も敏感に感じている可能性の高い層から的確な回答を得ることができたと考える。

この調査は、客観的な一般理論の定立を目的とする定量的分析ではなく、むしろ、定性的な資料を集めることを大きな目的としている。また、地方自治体の組織としての公式な見解ではなく、むしろ、職員レベルで個人が日常の業務の中で感じているところを素直に聞くことを調査の主眼に置いた。

1　回答の概要

問1　プロジェクトチームへの参加経験

回答者八一名の内、五一％に当たる四一名が何らかの形のプロジェクトチームに参加した経験があ

［問１］　プロジェクトチームへの参加経験

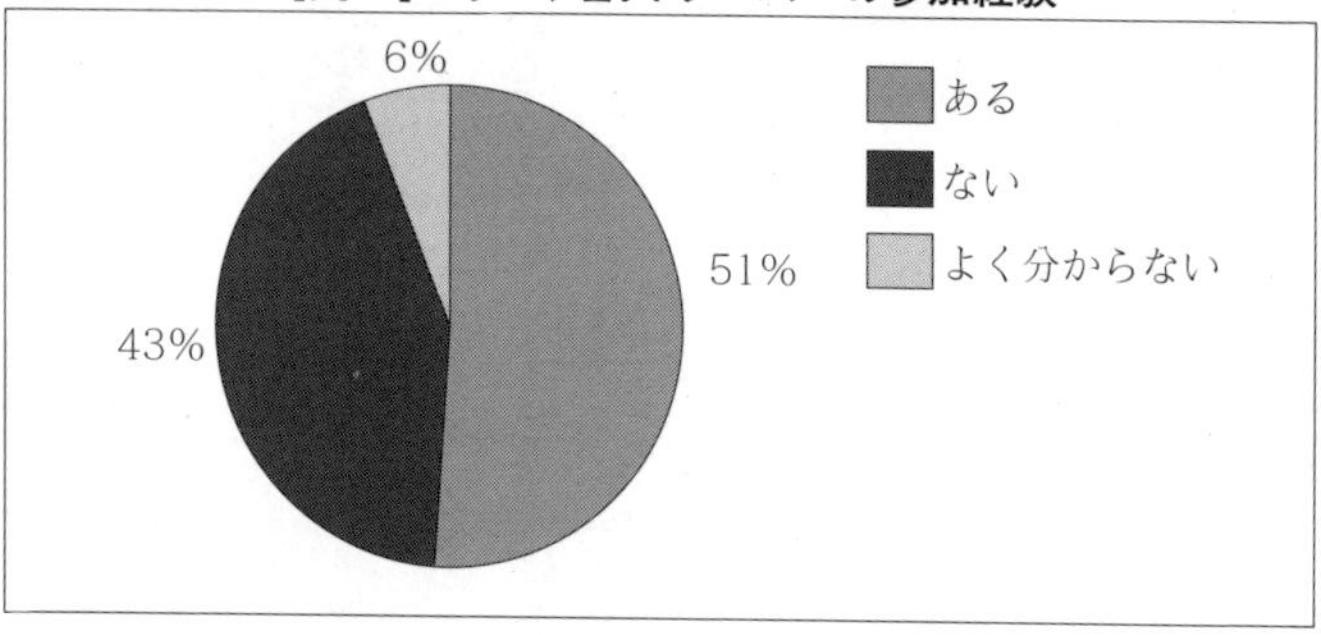

った。地方行政のフィールドにおいても、プロジェクトチームがそれなりに普及してきていることを示しているように思われる。ただ、先にも触れたようにデータにかなり偏りがあるため、参加経験の数字は、通常の職員一般のそれよりもかなり高くなっている可能性がある。また、普通、プロジェクトチームとは、複数の部門間に共通の問題について情報交換と集団的な問題解決を図るための臨時編成の一時的組織のことと理解されているが、設問に当たってプロジェクトチームを厳密に定義していないため、単なる連絡会程度のものまで含められている可能性も高いと思われる。いずれにしても、組織内での情報の円滑な流れと関係各課の調整の必要が以前にも増して高まってきていることと、プロジェクトチームの必要性に対する認識が高まってきていることがうかがえる。

問２　プロジェクトチームの目的・内容

事務改善、マスタープランなどの計画策定、まちづくり・地域振興関連などが上位を占め、社会環境の変化を念頭においた対応であ

［問2］　**プロジェクトチームの目的・内容**（有効回答42名に占める構成比を示す）

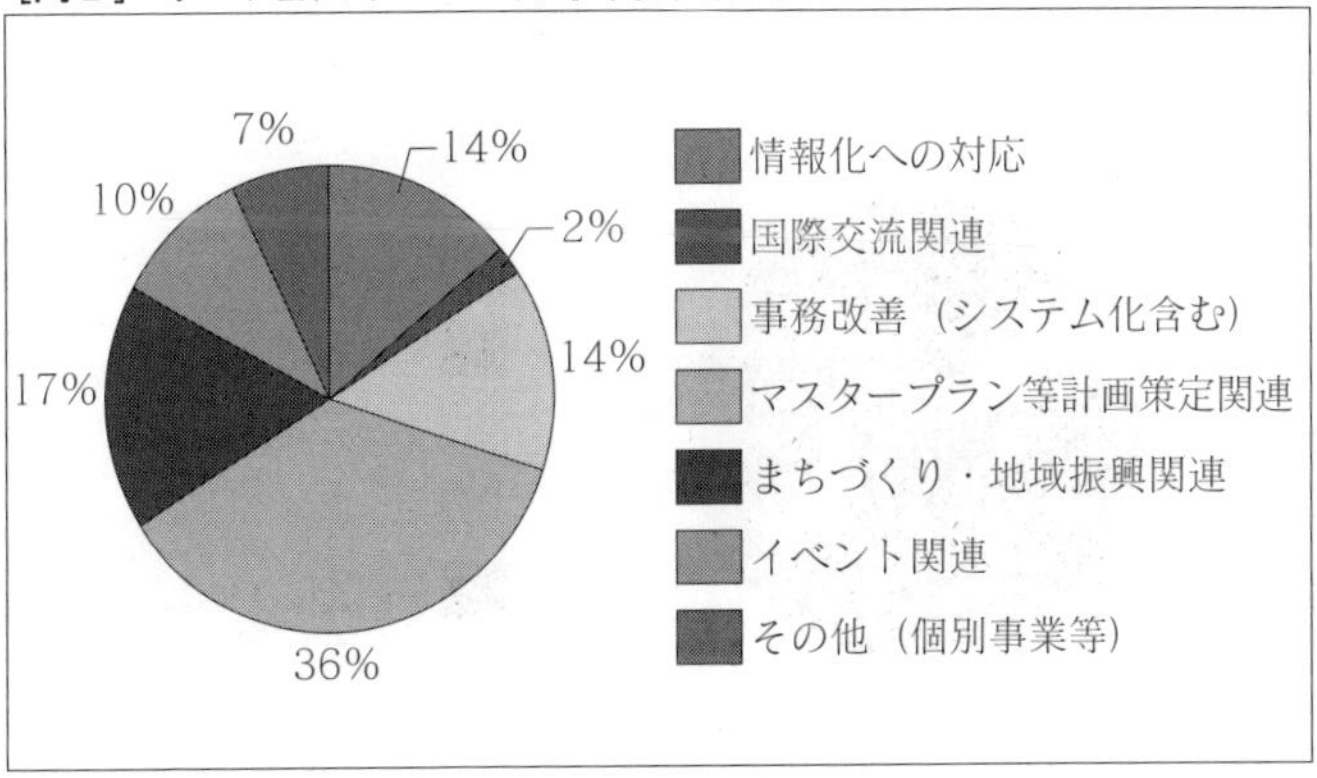

ることをうかがわせる。また、当然のことながら、複数の部局、機関に関連する問題が多く、部門間の調整に苦慮している各地方自治体の姿が浮き彫りにされているようである。さらに連絡調整型のプロジェクトチームの他、イベントの実施や施設建設に当たる事業推進型のプロジェクトチームも相当数に上っている。

問3　プロジェクトチーム発足のきっかけ

回答者五〇名の内、トップダウンの指示に基づくものは四〇％を占めている。また、関連部門間の協議に基づくものは、三八％を占めている。この両者でほぼ全体の大部分を占めており、概ね順当な結果であると思われる。地方自治体の場合、首長の個性によって「長の総合調整権」の内容がかなり左右されることが推測される。リーダーシップを発揮できる強力な首長の存在が、プロジェクトチームの発足とその後の関係機関との調整の成否の鍵を握っているようである。

［問３］　プロジェクトチーム発足のきっかけ

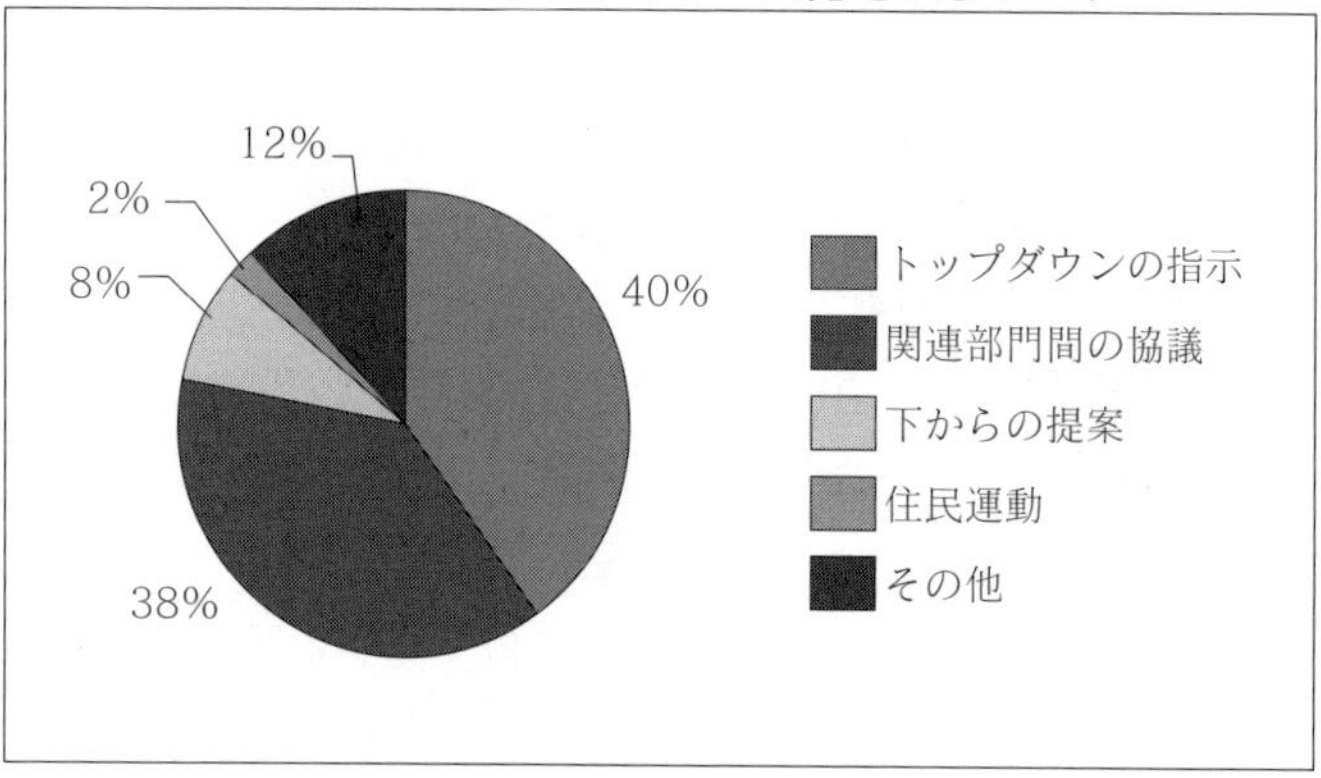

中規模団体ではトップダウンの指示によるプロジェクトチーム設置の事例が多いようである。規模的な面から相対的に長の意向が組織内に伝わりやすく、情報の風通しも大規模団体に比べれば、良いからであろう。また、小規模団体と比較して相対的に内部資源に恵まれており、首長の意向を受け止めて新機軸に取り組み易い優位性を持っていることが推測できる。

これに対して、大規模団体では首長といえども決してフリーハンドの意思決定ができる訳ではなく、各セクションの調整の上に組織運営のすべてがかかっているため、効果的かつ機動的な組織としての決断が難しい側面を強く持っている。ことに部門間の調整に多くのエネルギーが割さかれることも多く、プロジェクトチームと言っても単なる連絡調整のための意見交換の場以上の機能を果たしにくいことがうかがえる。

＜回答に寄せられた主な意見＞

・総合計画策定に際して市民と行政職員をメンバーとする

［表２］　**団体規模別のクロス集計表**（マルチアンサー）

団体規模＼発端	トップダウンの指示	関係部門間の協議	下からの提案	住民運動	その他	無回答	合　計
大規模団体	5	6	3	1	2	23	40
中規模団体	13	7			4	12	36
小規模団体	2	5	1			4	12
団体名不明		1					1
合　計	20	19	4	1	6	39	89

（大規模団体：都道府県・政令指定都市、中規模団体：人口10万人超100万人未満、小規模団体：人口10万人以下）

プロジェクトがスタートした。

・市長と定期的に意見交換しつつ、次年度でのモデル事業へとつなげていく「政策プロジェクト」が発足した。

・市長の発言を契機にプロジェクトがスタートした。

・計画策定のスタンスとして市民参加と行政職員の参加が念頭に置かれた。

・住民参加の試みが色々な部局で行われるようになったが、地域へのアプローチに整合性が無く、住民参加の位置づけも曖昧であるため、関係局係長による情報交換を行い地域別構想策定に役立てることにした。

問４　メンバーの選定

現在のところ、事務分掌に基づいて選定される場合が最も多く、回答者五〇名の四六％に達しているが、相応しい者を選定している場合も三八％ある。「プロジェクトチームの成否の鍵を握っているのは、メンバーの人選であり、事務分掌でメンバーを選んでいたの

［問4］　メンバーの選定

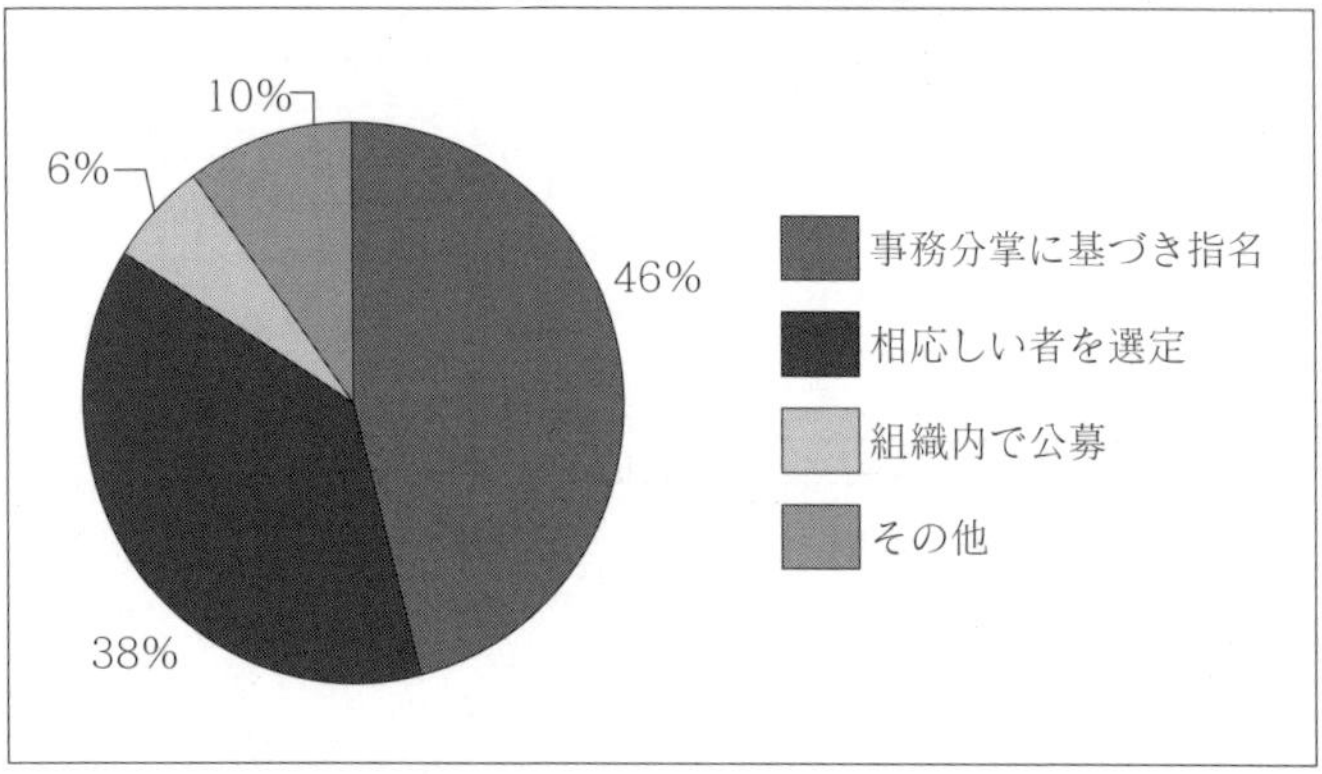

では機能しない」という意見が多く見られた。事務分掌に基づく人選と現実のプロジェクトチームの効果的な運営との間にかなり大きなギャップが存在していることが推測できる。問題意識のかなり高い人材を得ないと、プロジェクトチームは機能しないことも十分に考えられるので、今後、公募方式や推薦方式などいろいろの方式を組み合せ、より相応しい人材を選定する傾向が強くなるように思われる。

＜回答に寄せられた主な意見＞

・若い職員で構成されるプロジェクト組織は、柔軟（フレキシブル）なチームとして、仕事以外にもいろいろな発展があるようである。事務分掌や経歴から指名される者は組織内でも固定しており、合意形成を求めるだけの組織に携わる傾向にある。

・現在の行政組織のもとでは、職員の能力重視というよりも関連部局に所属しているという理由でメンバーになるケースが多い。一定止むを得ない面も有るが、それ相応

［問5］　根拠規定の有無

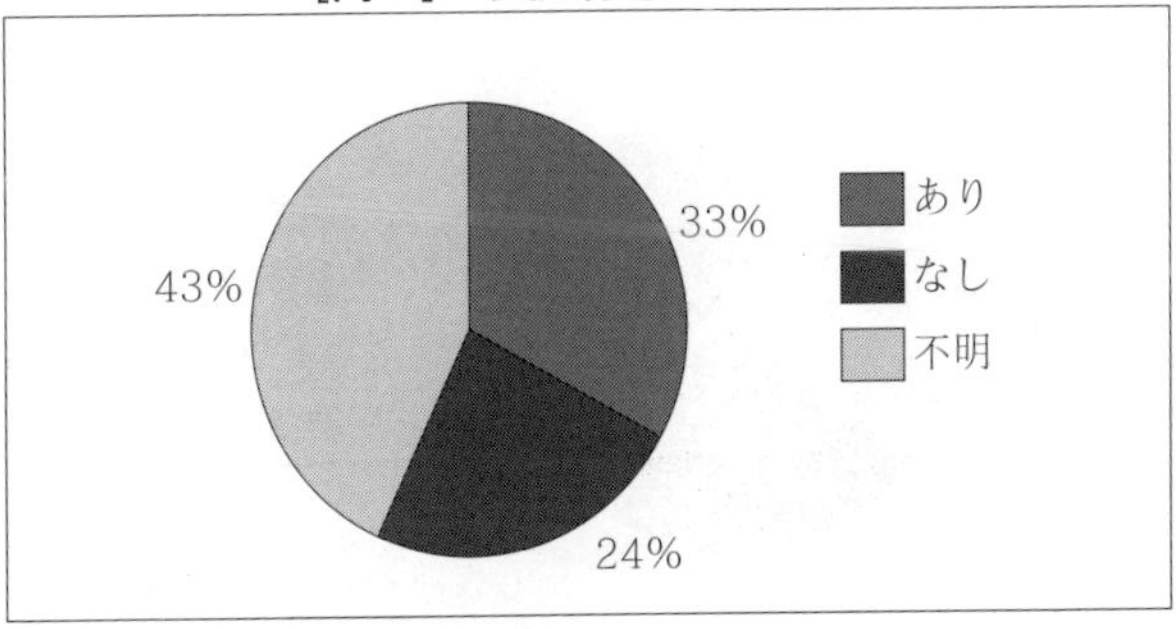

の能力が伴わないことにはプロジェクトチームとして機能しない面がある。

・企画課から指名を受けた。

・現在では公募方式も取り入れている。

・要綱上は所属長が職員を指名することになっているが、予め企画調整室が逆指名していることも多い。

・公募方式もあるが、この場合本人の自発的参加というよりもプロジェクト担当者の個人的ネットワークによって所謂「一本釣り」をすることが多い。

問5　根拠規定の有無

回答のあった五四団体のうち三三％に当たる一八団体に要綱等の根拠規定があった。プロジェクトチームは本来的にアドホックな組織であるため、明確な根拠規定を置かない場合が多いことが推測できる。根拠規定は要綱の形式を取っているところが多く、一般的なプロジェクトチームの運用を定めるタイプと個別のプロジェクトチ

［問６］　プロジェクトチーム事務局の設置部局

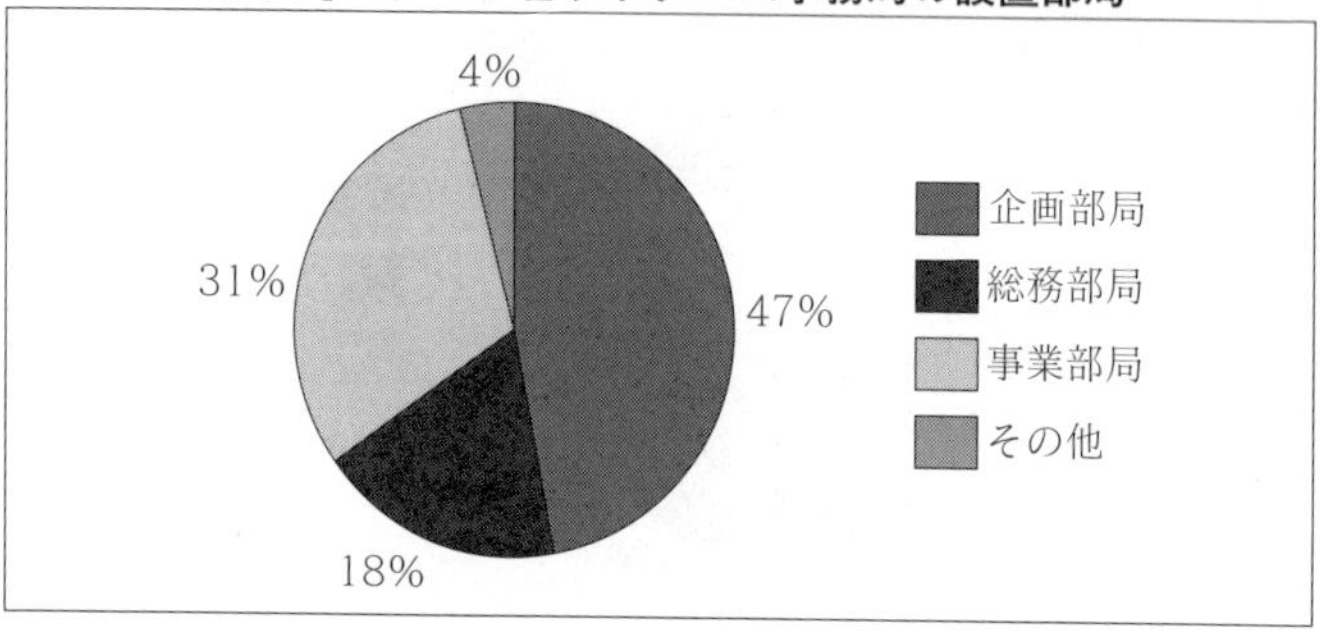

ームの活動を定めるタイプとに大別できる。

問６　プロジェクトチーム事務局の設置部局

回答者四九名のうち、政策立案に係る企画部門が四七％と最も多く、次いで事業部局の三一％となっている。大きな団体ほど事業部局でプロジェクトチームを組織している例が多いようである。また、企画部局や総務部局に事務局が設置されている事例では、実施部門との連携で苦労しているケースが相当数あるようである。

問７　プロジェクトチームの存続期間

一時的組織としてのプロジェクトチームの特性から言えば、当然かもしれないが、二年以内が最も多く、最短で二ヵ月、最長でも四年となっている。しかし、団体によっては期間の概念が無いと回答しているところもある。

［問８］　プロジェクトチームの形態

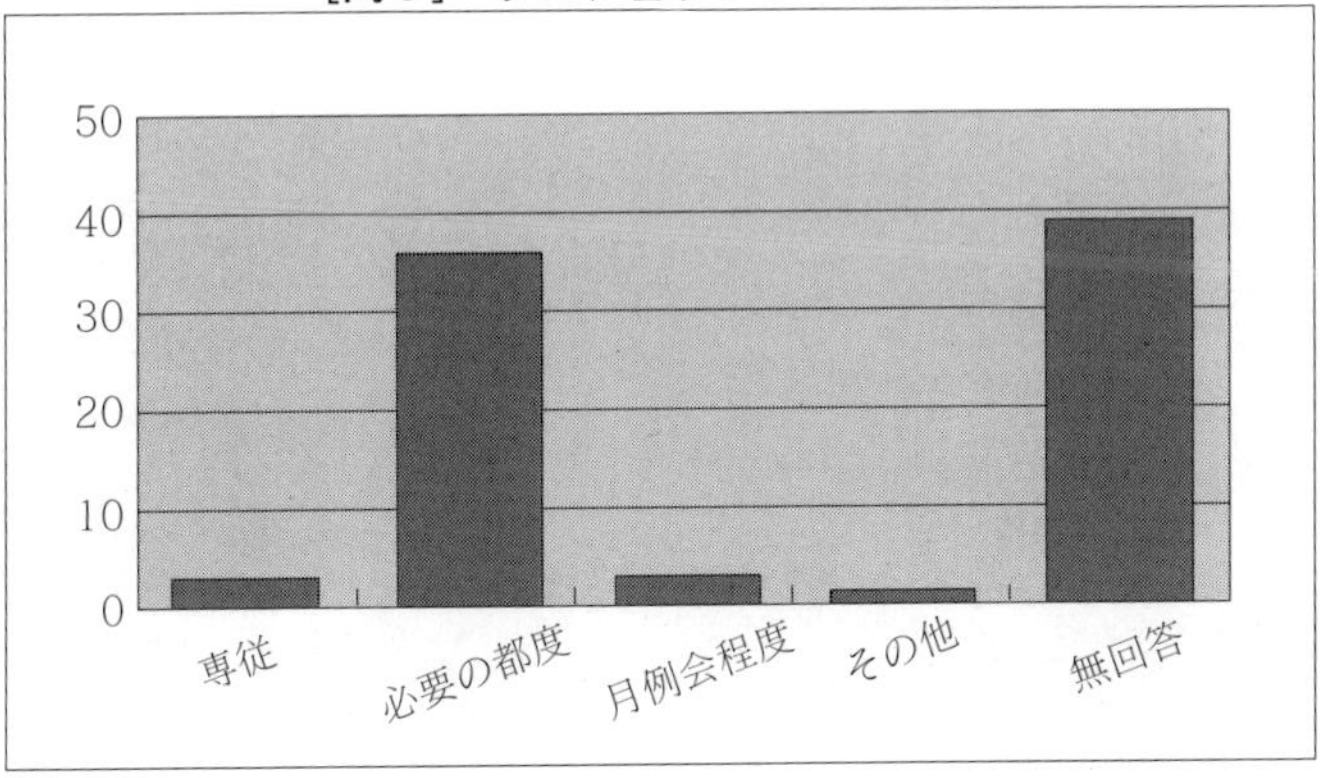

問８　プロジェクトチームの形態

ほとんどのケースで、必要の都度、参集するとなっており、本務から外れてプロジェクトに専念する事例は極めて少ない。しかし、施設建設プロジェクト等の事業推進関連のプロジェクトでは専任スタッフを配置して精力的に事業展開に努めるケースも多い。今後は、部内連絡会的な形態のプロジェクトチームよりも一層民間のプロジェクトチームに近い形態をとる事業推進型のプロジェクトチームが増えてくるものと思われる。

問９　プロジェクトチームの有効性

回答のあった中では、効果を発揮したとするものが多かったが、無回答が多く、実際にはそれほど大きな効果を上げていないことが窺える。しかし、問８でも触れたように庁内連絡会的なプロジェクトチームと異なり、事業推進型のプロジェクトチームには大きな成果をあげ得る可能性がある。近年、

［問９］　プロジェクトチームの有効性

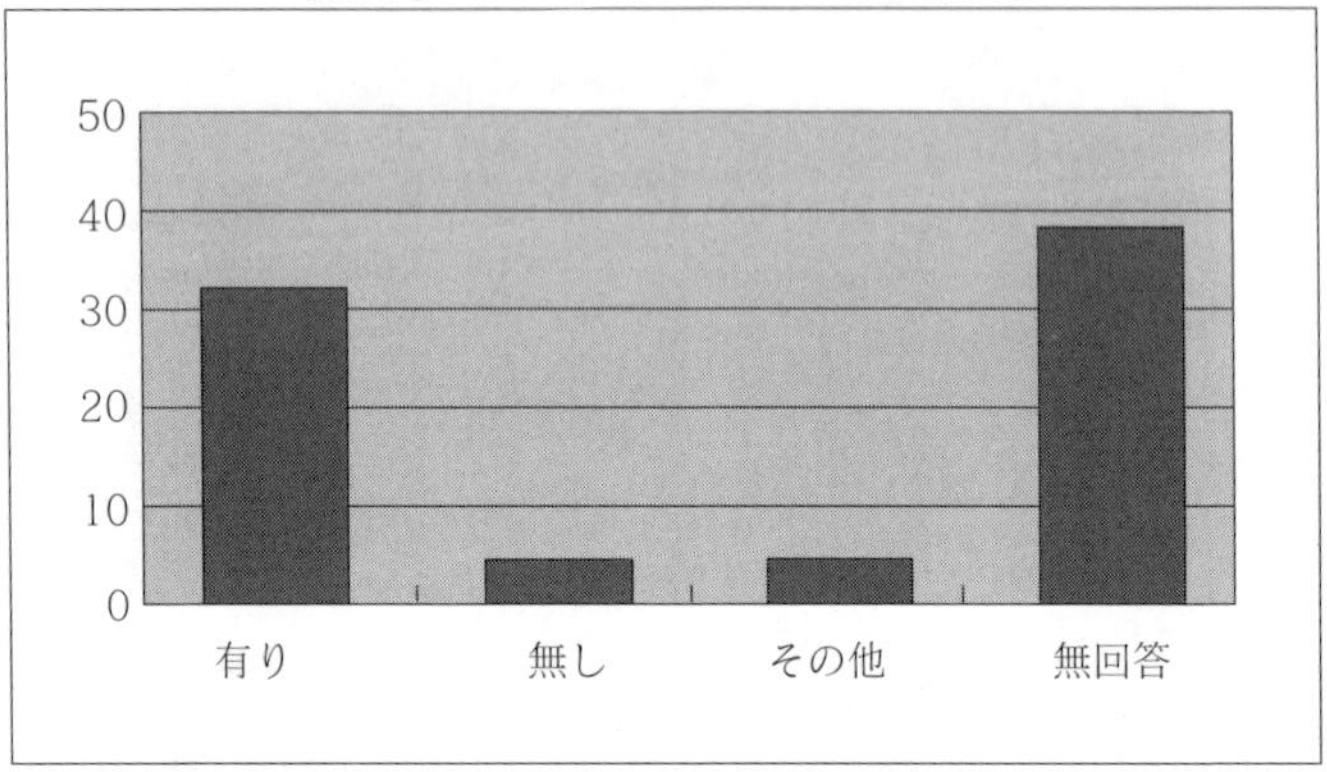

地方自治体事業を円滑に推進するためには、多種多様な職種の職員を揃えた上に法務、税務、会計、マーケティング、環境問題等の広範囲にわたる専門家の支援が不可欠となりつつある。このような事情を背景に、例えば大規模な施設建設等に当っては、建築職、電気職、設備職、事務職、及び外部の専門家等からなるプロジェクトチームを編成する方式が多用されるに至っている。

表３のクロス集計表から中規模団体においてプロジェクトチームの有効性に対する評価が相対的に高いことが分かる。先にも触れたように中規模団体においては大規模団体に比べて機動性が高い反面、小規模団体の持たない内部資源を保有していることが多いこと等、プロジェクトチームが成果をあげやすい有利な条件が多いように思われる。

さらに、このアンケート結果からは十分に読み取ることができないが、小規模団体においてはトップとの距離の近さを反映して活発に活動しているプロジェクトの事例が見

［表3］　団体規模別のクロス集計表（シングルアンサー）

有効性 / 団体規模	有	無	その他	無回答	合　計
大規模団体	12	2	1	23	38
中規模団体	14	3	2	12	31
小規模団体	5	1	1	4	11
団体名不明				1	1
合　　計	31	6	4	40	81

受けられる。筆者は兵庫県生野町の「地域づくり生野塾」のワークショップに数回参加し観察する機会を得たが、若手係長を中心とするスタッフが住民を巻き込んで町おこしに取り組んでいる熱気を感じた。ワークショップ終了後は、助役（現町長）とスタッフが膝を交えて意見交換をする場面も観察することができたが、トップとスタッフとの非常に緊密な紐帯に支えられた地方自治体プロジェクトの一つの原型を見る思いがした。大規模自治体とは違う地域に密着したプロジェクトの可能性を示す一つの事例であろう。

問10　運営の障害、改善点

本務との調整が難しく、時間的に苦労したと言う意見がかなりあった。また、内部の意見調整に手間取ったという意見も多かった。また、事業実施とうまく結び付けることができず、単なるペーパープランで終わってしまったという意見もあった。全庁的にプロジェクトチームを支援したり、連絡調整のための特別の組織を設けているところは極めて少なかった。このため、本務の合間にプロジェクトチームの業務をこなすことになり、大変苦労したとのコメントが相当数あった。将来的には、専門スタッフを養成し、配置することが必要となってくるものと思われる。

＜回答に寄せられた主な意見＞

・若い職員のプロジェクトの場合は課題理解までの学習活動が運営上必要

・メンバーは経常の仕事を持ちながらプロジェクトに参加するので、日程調整や事務量で大きな負担をかけた。

・寄り合い所帯であったので、リーダーシップと責任の所在があいまいであった。

・セクト主義の弊害が見られた。

・権限の点で不十分な面があった。

・関係各課の事務分掌に基づく指名であり、自主的参加で集まったチームではないため、自分の職域を離れて意見はでない。

問11　人材の育成、研修等

プロジェクトチームを機能させるためには、メンバーの選定が重要な要素であることを指摘する回答が多く見られた。特に職制に基づき、本来相応しくない人であっても、メンバーとして選ばれることが多いとの回答が散見される。プロジェクトチーム、さらには総合的な政策判断に向けてかなり専門性の高い職員その他の人材を確保する必要のあることについては、多くの意見が寄せられている。

第一に職員の能力・資質向上のための教育プログラムはほとんど実施されていないことが明らかとなっているようである。ただ、団体によっては大学院等への職員派遣を実施しているところも有り、団体によって取り組みに相当の差異が認められる。また、組織内学習の一つの特徴と考えられる学習者の自発性の重要性に言及している意見もあった。

コーディネーター型の人材の必要性を指摘する意見も多く見られたが、どのようにそのような人材を育成していくかという具体的な取り組みについては、これからの課題であるように見える。特に、個人の資質・特性にかなり大きな比重がかかる分野の能力開発の問題であり、人事政策の面からも今後重要性を増してくるように思われる。

第二にプロジェクトチームそのものが持つ組織内での認知度と理解については、団体によってかなり意識の上で落差があるようである。実際に運用しているところからは、具体的で明確な回答が寄せられているが、経験の少ないところからは、抽象的な回答しか返ってきていない。例えば、豊中市からは「年齢は三〇代までで、将来は各セクションのリーダーとなる人を選ぶ。」というコメントが寄せられているが、これなどはプロジェクトを人材育成の機会として明確に意識していることを示していると言えよう。

＜回答に寄せられた主な意見＞

・専門性の高い分野や行政課題となりにくい問題については専門スタッフ（技術者）だけでなく、コーディネートする人材が必要。ゼネラリストでもプロデュースする能力があれば、プロジェクトの運営は可能。
・外国、国、他の自治体、民間企業、大学等への派遣研修を実施している。
・ゼネラリストを養成するという地方自治体の考えを改めねばならない。当面、オンザジョブトレーニングいくしかない。
・外部研修及び自己研修が中心
・自己研修するしかない。
・調整能力はスポーツと同じで一定レベルまでは到達できるかもしれないが、最後は個人のセンス、意気込みにかかってくる。
・大学院への派遣制度がある。
・職員研修所において政策研究の研修を行っており、その中でプロジェクトチームを組んでの課題研究が設定されている。
・若手職員を対象に研修事業の一環として企画力向上のための研修プログラムを実施している。

問12　組織横断的な連絡調整に当たる常設的な組織

常設的な専任の連絡調整組織を設けている団体はごくわずかであった。問8と関連するが、プロジェクトチーム支援のための専門的組織の必要性が今後高まってくる可能性があるように思われる。

<回答に寄せられた主な意見>

・特に政策的な事項については、トップダウンにより政策推進課が連絡調整にあたる場合がある。

・企画財政部政策室が事務局機能を担っている。

・現在の所属（政策調整室）自身がプロジェクトチームである。しかし、来年の四月、常設の課となるため、常設的な組織となる。

問13　今後の普及の可能性

将来、プロジェクトチーム方式が普及することについては、積極に解する意見が多かったが、現状のままでは、大したことはできないという意見も多かった。特にプロジェクトチームに係わる職員の能力・資質の向上と経常業務以外のプロジェクトチーム関連業務を処理する体制づくりが今後の大きな課題であることについてのコメントが散見される。そのような体制的なバックアップがないと、プロジェクトチームは有効な政策決定・執行手段としては定着していかないということかもしれない。

＜回答に寄せられた主な意見＞
・臨時的なスタッフの庁内での位置づけや役割が明確にされない限り、普及しないのではないかと思う。
・縦割りに限界が生じてきているので、普及していくと思う。
・横断的な考え方がますます必要となるので、普及していくと思う。
・現在、県行政の中で課題はほとんどが複数の部局にかかわるものであるため、プロジェクト方式は普及していくと思う。ただし、プロジェクトチームを各部局にきちんと認知させることが必要である。

問14　プロジェクトチーム以外の取り組み

プロジェクトチーム以外には、ランチミーティング（横浜市）や組織横断的な連絡会に関するコメントがある程度で、具体的な取り組みの紹介はほとんど無かった。地方行政の現場で縦割りの弊害を具体的に克服する手だてが見えにくくなっている状況が反映しているものと思われる。

問15　外部の専門家や民間非営利組織などとの連携

特筆すべきコメントはほとんど無かった。この部分については、ＮＰＯ法の成立もあり、これからの課題と言うことであろう。ただ、近年NPO団体等に調査を委託したり、施設の運営を委ねる例が各地で見られるようになってきている。

2　調査から導き出せる含意

以上の結果から、全体として次のような含意を引き出すことが可能であると思われる。

(1)　環境の変化への対応に苦慮している地方自治体が多く、新しい発想が求められているという認識はあるが、具体的なアクションプログラムには結びついていない。

(2)　プロジェクトチーム方式を採用する自治体は多いが、連絡会程度の役割しか現実には果たし得ていないケースが多い。

(3)　地方分権の時代を迎えて、政策立案能力のある人材の必要が増加し、これまでとは違った人事政策が求められている。特にプロジェクトチームを活用するためには、人の要素が大きいという認識は広く行きわたっている。

(4)　比較的小規模な団体の方が、プロジェクトチームを有効に活用している例が多い。

(5)　トップが強力なリーダーシップを発揮している場合ほど、プロジェクトチームの立ち上げも容易であり、また効果をあげる可能性も高い。

(6)　プロジェクトチームは単なる手段であり、環境適応の本質はあくまでも組織の改変と組織文化の変革である。組織文化の変革がなければ、環境の変化に適応することは難しく、多くの対応策は小手先の弥縫策に過ぎず、成果をあげることは難しい。

(7)　組織内外の人的資源を動員するための受け皿としての組織と専門性を持った職能の確立が一つの課題となっている。

三　小括

簡単な調査ではあるが、今後、プロジェクトチームを活用していくにあたって考慮されるべき視点がかなり明確な形で出ているように思われる。

まず、一つは職制上の人員配置状況と「現実の対応すべき問題」との乖離である。大きな組織では、頻繁に人事異動が繰返されることが多く、専門性を身につける機会は意外と少なく、事務分掌上の所管業務に精通している者が必ずしもそのポストにいる訳ではない。したがって、事務分掌上の担当者がまったくの素人で、プロジェクトチームを運営するために必要な情報や人脈を十分に持たず、熱意も示さないということは案外に多いのである。

さらに仮に所管業務に精通していたとしても、プロジェクトチームのメンバーとして相応しいかどうかは別の問題である。プロジェクトチームのメンバーには、通常の定型パターンの業務以上に企画力、コミュニケーション能力、創造性等が求められるだけでなく、いろいろな資源を横につなぎ、再構成していくコーディネーターとしてのスキルも必要になってくる。ところが、優れたコーディネーターは、現在の行政の風土の中からは育ちにくいのが実状である。

このため、公式組織の事務分掌に基づいてプロジェクトチームのメンバーを選定すると、多くの意見が寄せられているようにほとんど機能しない結果に終わってしまうのである。これは、公式組織の人員配置原理と具体的な問題発生状況とがほとんどマッチしていないことを明確に示す証拠であると思う。なぜ、このようなことが一般的、普遍的に生じてくるのか、その原因を追求していくことで今日の地方自治体の抱える問題の一端に辿り着くことができるかもしれない。

二つ目には、コミュニケーション能力の重要性をあげることができるように思う。伝統的なピラミッド組織、特に行政組織では、コミュニケーション能力（あるいは説明能力）は必ずしも重要ではなかったのではないかと思われる。基本的に地方自治体が国の下請的執行組織として法律の執行を機械的に正確に行うことが求められるすべてであったような時代には、コミュニケーションの能力は大した問題とはならなかったであろう。コミュニケーションの能力の面でやや問題があったとしても、それなりに業務をこなしていくことは可能であったかもしれない。

しかし、今日、組織内部のプロジェクトチームにおけるメンバー相互間は言うに及ばず、住民との対応の場面でも、コミュニケーション能力が大きな意味を持ってきている。特にいわゆるファシリテータとしての能力を持つ人材に対するニーズが高まってきている。このアンケートとは別に行ったインタビューに対して、神戸市のK係長は「プロジェクトチームのリーダーに求められる能力は、ファシリテータとしての力量である。メンバーの活発な発言を引き出す雰囲気づくり、方向性を明確に提示する舵取り、プロセス全体への目配り等が求められる」と述べている。ファシリテータ型の人材は地方自治体組織の内外で今後ますます求められることになると思われるが、問題はこの方面のスキル向上や人材育成に関してこれまでほとんど考慮されることが無かったところにある。今後の地方自治体における人的資源マネジメントの大きな課題となるように思われる。

三つ目は、問題解決のための組織的な対応の必要性である。プロジェクトチームは運用如何によっては、組織内の十分な認知を受けることができず、仲良しクラブ的なレベルで終わってしまうこともありうる。この場合、現実には組織が持っている資源を有効に動員することはほとんど不可能に近いと思われる。組織の公式の枠組みの中に明確に位置づけられない限り、プロジェクトチームは組織の力を活用することはできない。優れたアイデアがみすみすペーパープランに終わってしまうことになってしまうのである。その意味で創意・工夫に富む創造的な職員（アントレプレナー＝起業家としての資質を持つ職員）を育て、盛り立てていくには、それなりの組織的な裏付けが必要となるのである。組織の枠を離れて自由な発想が出てくるように工夫することも必要であるが、プロジェクトチームからの提言を公式組織のルールに乗せて、具体化していく受け皿が無いと、結局はプランは結実せず、挫折感をプロジェクトチームのメンバーに残す結果となってしまう。

四　地方自治体における組織運営の今後の課題

最後にこの調査を通して得られた知見をもとに、地方公共団体の組織運営の今後を少し展望することにしたい。

1　チェックマンからコーディネーターへ

従来、地方自治体においては組織運営の関心は、法の適正な執行に向けられ、職員（特に事務系の職員）にとっては、チェックマンとしての機能が大きな位置を占めてきたと言える。これまでの比較的静態的で動きの少ない時代はこれで良かったかもしれないが、今日のように変化の大きな時代の行政ニーズにそれで対応できるとは、到底考えられない。ことに地方分権が進む中で、地方自治体自身の政策立案能力や経営能力が問われる時代はすぐそこまで来ているのである。

そのような時代背景の中で、職員（特に管理職の）の資質や能力も当然変化することが求められているのである。これからは一言で言えば「チェックマンからマネージャー」へと変わっていくことが好むと好まざるとに拘わらず、求められることになっていくのではないだろうか。ここで言うマネージャーとは、決められたことを決められたように処理していくピラミッド組織の管理者ではない。求められるのは資源を的確に動員し、新たなニーズに対応することのできるコーディネーター型の管理者である。

コーディネーター型の管理者の資質として最も大事なものは、ビジョンの作成能力とコミュニケーション能力である。法規の解釈ではなく、法政策の基礎となる理念を生み出すビジョンを構成する力が求められるのである。また、住民、専門家、職員など様々な立場と考え方を持った人々を結びあわせ、新たな展開を引き出すことのできるコミュニケーション能力が不可欠となる。「てにをは」を訂正することが自分の天職だと考えているとしか思えない多くの部課長にとっては、厳しい時代の到来である。そして、文書添削でごまかしの効く時代は永遠に過去のものになろうとしているのである。

残念ながら、程度の差はあれ、依然としてそのような「チェックマンタイプ」の管理者が多いのも事実である。これは、職員の採用に始まって、内部の研修や人員配置など、あらゆる面で「チェックマン」を育成することが、地方自治体の組織運営の基本に置かれているからではないかと思われる。言い換えると、起業家タイプの人材は職員として採用もされにくいし、職員になったとしても、それなりの処遇を受けることが難しい状況にある。つまり、大規模な地方自治体では、新規事業を立ち上げるよりも、既存の事業をそつなくこなすことの方が高く評価される傾向が強く、起業家タイプの職員は身の置き所が無いというのがこれまでの実状であったと言えるであろう。

しかし、時代は確実に変わって来ており、地方自治体においても起業家タイプの職員が求められる時が来ているようである。このことは、プロジェクトチームに関する今回の調査からもある程度は読み取れる。小さくまとまった手堅さは、もちろん大事な要素ではあるが、環境が激変する現代という時代には似つかわしくない。現象を卑近なことに矮小化して見る癖が付くと、事の本質を見失ってしまう。加護野忠男は次のような警告を発している。「人が育つプロセスの本質の一つは、その人が日頃どのくらい大きいことを考えるかで人の育ち方が決まるということである。小さなことばかりを考えている人は大きな問題がでてきても、くせとして問題の大きさを測れない。問題の本質がわからない。だから、それを小さな問題として処理してしまう。それは大切な教訓を得る機会をむざむざ逃してしまうことになる。」（伊丹敬之＝加護野忠男、一九八九、三四六頁）その意味で広い視野と専門性を兼ね備えた新しいタイプの人材が強く求められているのである。

また、コミュニティの抱えるいろいろな問題を地方自治体だけで処理することは、もはや不可能である。外部の専門家・住民（企業も含む）の力を借りて問題の解決に当たる新しい「公共政策」や公民の役割分担のあり方を模索していく時期に差し掛かっている。

地方自治体の今後の最大の課題は、人的資源開発であり、職員、住民、専門家のトライアングルが問題の発見と解決に向けて円滑に動いていけるような組織デザインや組織運営・行政執行の原理が確立されなければならない。そして、それを支えることのできる人材を確保・育成するための総合的な政策の確立が何よりも求められているのである。

２　トップの役割

今日、コミュニティが直面している問題の解決には、専門性と総合性が必要とされるが、同時に最終的に決断のできる強力なリーダーシップが何にも増して不可欠となる。プロジェクトチームを作って、調整に努めたところで、最終的な決断が無ければ、小田原評定を繰り返すだけの結果となってしまい、せっかくのアイデアが無駄に朽ち果ててしまうのである。問題の発見と問題解決プロセスのマネジメントの質が問われる時代にあっては、トップの果たす役割は否がうえにも高まらざるを得ない。

アンケートからは比較的小さな団体の方が効果を上げている様子がうかがえる。これは、リーダーシップの発揮には、ある程度緊密なコミュニケーションが保てる環境が必要であることを示していると解釈することができよう。

先に紹介した兵庫県生野町の「地域づくり生野塾」の事例からもトップが明確な考え方を示すこととトップとスタッフとの濃密なコミュニケーションの重要性を窺い知ることができる。そして、民間企業ほどではないにしても、このアンケートの結果からトップの個性によってかなりプロジェクトチームの運営に差が出てくることを読み取ることも可能である。

3　異質な要素の組み合わせの重要性

同質的なメンバーの間でいくら知恵を絞っても、斬新なアイデアはなかなか出てこない。実際に大きな組織の中にいるとしばしば自分達の内部だけで通用する言葉を知らず知らずのうちに使っていることがある。これは環境の変化を的確に捉え、対処するという観点からいえば、危険な兆候かもしれない。Janis（一九八二）は、同質集団の内向きの思考をGroupthinkと呼び、これがどれほど多くの失策の原因となってきたかを具体的な例を示して明らかにした。その中で次のように述べている。「集団のメンバー相互間に強固な結びつきがあり、親密さの度合いが強ければ強いほど、独立した批判的な考え方がGroupthinkに置き換えられる危険が高まる。そして、このことによって集団の外部に対しては、不合理で非人間的な行動がとられることになりがちである。」（一三頁）プロジェクトチームの運営を円滑に進め、見るべき効果をあげるためには、異質なメンバーをそろえることも必要となるのである。その意味で役所のルールが通用しないＮＰＯや住民団体との協働は今後の展開に大きな可能性を秘めているのである。

4　組織内における分権の推進

特に大規模な地方公共団体にあっては、組織を活性化するためには内部の権限・機能の再編成が是非とも必要であると思われる。例えば、政令指定都市レベルでは区行政の再編成が喫緊の課題である。

政令指定都市のように大規模な団体では、多くの場合、組織は機能別（福祉行政、都市計画、道路行政等）に細分化され、総合的なコミュニティ施策を進めにくい状況にある。ところが、これまで述べてきたように住民の多様化した行政ニーズに応えていくためには、総合的なコミュニティ施策の確立が不可欠になってきており、住民により近い区に決定権限を降ろし、現地での能力を高めることが是非とも必要となってきている。このことは、始めに述べた民間大規模企業の組織改変の事例からも十分に類推できることである。

次に、分権の問題を考える際の中心的な諸点について少し述べることにしたい。

(1)　権限の再配分よりも組織の再編

大事なことは、単なる権限の配分の問題ではなく、組織の再編が必要であることである。今日の地方自治体が抱えている問題の一つは、肥大化した組織である。地方自治体の組織がきめこまかな地方行政を推進するにはあまりにも大きくなりすぎたため、いろいろな問題が生じてきているのであり、組織のピラミッド構造をよりフラットで現場対応が可能な構造に思い切って再編していくことが不可欠である。

(2)　コーディネーター型人材の配置

組織の再編と平行して、人事制度にも思い切った見直しが求められているように思われる。従来型の安定した環境に適合した「手堅い仕事」を第一とした人材の登用配置だけではなく、不安定で予測可能性の低い現代に適合した人材の発掘育成に努めていく必要がある。さらに、専門化、多極化に向かって歩を進める一方の社会環境に適切に対応していくためには、多方面の専門家、地域リーダー等の人的資源を動員していく必要があり、これらの資源動員の核となることのできるコーディネーター型の人材の育成配置が、これからの人事面での課題であるように思われる。特に地方分権が進んでいけば、企画力、政策立案能力を十分に備えた職員は必要不可欠の存在になることが予想される。そのような人材は一朝一夕には育つものではなく、長い言わば熟成期間が必要である。その意味で長期的な視野に立った人材育成プログラムを確立していく必要がありそうである。

(3)　受け皿組織の設置・強化

右で述べたようなコーディネーター型の人材も孤立をしていたのでは、実際には力を発揮できない。コーディネーター型の人材は、相対的には希少な存在であることが予想されるが、その貴重な資源としての人材をサポートし、政策立案の支援の実をあげうるような受け皿的な組織の設置が求められているように思われる。ことに「厳密にいえば、人は育てられない。育てるのを助けることができるだけである。」(伊丹敬之=加護野忠男、一九八九、三四六頁) という経験的事実に照らせば、すぐれた人材を見つけ、経験の機会を提供し、高度の専門知識を身に付けた人材に育っていくのを助ける仕組みの重要性はこれからますます高まってくるものと思われる。第二章で紹介した通り、近年、大都市周辺で「まちづくりセンター」的な施設・組織が続々と発足してきているが、これらの組織に求められる機能の大きなものはこの種の受け皿としての役割である。

(4) 現場への権限委譲の内容

既に(2)で述べたところとも関連するが、現場への権限委譲は政策立案や企画をも含むものでなければならない。大きな団体ではよく見られることだが、現場が単に本庁の言う通りに動くだけの存在に終始していれば、現場の問題解決能力は少しも向上しない。政策立案の権限を持ってこそ、責任ある対応が可能となるのであり、それでこそ生の情報源に近い現場の利点が遺憾無く発揮できるのである。本庁と出先という組織の階層構造を基礎においている限り、現場は上位機関から示される目標を機械的に処理する方向に向かいがちである。行政執行評価の明確な基準が無いため、現場サイドでは、処理件数、収納率、達成率等で示される代替的指標の数字をあげることだけに血道を上げることになりかねない。そして、そのような極めて限定された目標にのみ関心が向けられる状況の中では、地域のニーズに総合的に応えるという発想が現場から出て来ることは期待できない。

以上、第一部では地方自治体現場の変化についてマクロの視点から検討した。第二部では個別の地方自治体現場に視点を据えてエスノグラフィーに取り組むことにする。

(1) 地方分権の推進を図るための関係法律の整備等に関する法律（平成一一年法律第八七号。以下「地方分権一括法」という。）が平成一一年七月一六日に公布され、原則として平成一二年四月一日から施行されている。機関委任事務の廃止、自治事務と法定受託事務による地方自治体事務の再構成、国の関与等の縮減、権限移譲の推進、国と地方自治体との間の係争処理制度の創設等、地方自治制度に大きな改正が加えられることとなった。今回の改正は、基本的には地方自治の本旨に基づき、「地域における行政の自主的かつ総合的な実施主体」としての地方自治体の地位をより明確にしようとするものであると言えよう。

（２）地方自治体変革に関して高寄昇三の研究があるので、以下、簡単に高寄の議論を紹介する。高寄昇三（一九九八）は「二一世紀を展望して、地方自治再生の処方箋をどう描いていくのか」という視点から地方自治体の変革に係わる諸問題を幅広い角度から取り扱っている。

第一章「地方自治と行政原理」、第二章「政策形成と政策科学」及び第三章「行政活力と自治体経営」の三章から構成されており、第一章では、現時点での地方自治変革の具体的方向を地方自治の〝市民・自立・政策〟化に求め、自治体変革の今後を展望した後、中央と地方の政府間関係を分析し、地方自治権の活用について議論を展開している。併せて、市民主権を実効あるものとするためには、地方自治権の活用のほか市民の側の「政策ボランティア」と「政治ボランティア」が大きな役割を果たしうることを指摘している。

第二章では、補助金制度の問題点を軸に中央による恩恵的支配の実態にふれ、世界でも稀にみる包括的中央支配のメカニズムをヴィヴィッドに描き出している。そして、使途が細かく規制される個別補助金方式に変えて、係数基準によって配分する交付金方式の採用がベストの現実的解決策であることを事例を交えながら説明している。

次に自治体が真に自立した統治機構として独自の施策を追求するためには政策集団に変貌する必要

があること指摘したうえ、政策形成と政策循環の問題を論じている。最後に自治体の政策形成の観点から望ましい首長の資質・能力に論及するとともに住民投票の問題を中心に市民参加の問題を論じている。

第三章では、都道府県が機関委任事務方式のもとで、中央政府の出先機関的存在として市町村を支配している実態を示しながら、都道府県が本来の自治体として確立できるかどうかを論じるとともに市町村の適正規模の問題にも言及している。さらに、従来の画一的な官治的色彩の濃い地方行財政のシステムを柔軟で多様な対応が可能となる有機的な「企業的組織」に脱皮させる必要性を説き、行政資源の活用と組織活性化のための方策について議論を展開している。

ところで、今日、地方自治体は社会環境の激変に遭遇し、それへの対応を迫られているが、高寄も述べているように、ともすれば逐次対応に止まり、希少な資源の有効活用が十分に図られず、多くの無駄を生じている。今こそ自治体の持てる資源（人材・財源・権力）を最大限に活用し、状況に適応したきめ細かな対応ができる独自の総合的な政策を形成・実行していくことが求められているのであり、「海図無き」逐次対応の状況から脱却し、合理的な政策を形成・実行するための政策と理論に対するニーズはかつて無く高まっている。高寄は民主的・科学的な行政のための理論・政策の形成に役立ち、地方自治体へ刺激を与え、改革のビジョンを示す学問としての「地方自治の行政学」のイメージを指し示すことによって、自治体の自己改革に役立つ理論的な基礎を提供しようとしている。

(3) H.Minzberg（一九七三）は、H.Fayol以来の古典学派によって定式化された類型的な説明は、現実的なマネージャーの仕事の本質を理解する助けとならないだけでなく、却って理解の障害にすらなると指摘している。H.Minzbergのリサーチクエスチョンは「マネージャーは現実に何をしているのか」

であり、彼は現実のマネージャーの行動を観察した。彼はマネージャー達の具体的な行動、例えば、手紙を書き、郵便物を読み、会議や打ち合わせに参加し、部下に指示を与える等の行動にどれほどの時間を費やするかを計測した。このような研究を通して現実のマネージャーの行動に対する理解が深められていったのである。

本書の問題意識は、まさに「地方自治体の職員は何をしているか」を明らかにするところにある。今日、多くの地方自治体の職員は山積する問題と苦闘している。しかし、問題を正確に捉える技法は言うに及ばず、政策形成の基礎となるべきリサーチの方法が確立されておらず、手探りで解決方策を模索しているのが現状である。極論すれば、武器を持たずに戦場に放り出されている状況にあると言えよう。

特に現場のオペレーションレベルでは、事業の根拠法規（例えば、住宅であれば、公営住宅法、公営住宅条例等）の解説書程度を頼りに、前例を踏襲する形で仕事が進められているが、変化が激しく、将来の不確実性水準の高い現代社会にあって、これでは対応できないのである。さらに政策立案部門と現場サイドの距離が長ければ、長いほどオペレーションレベルの情報のフィードバックが円滑に進まず、現場の実状から乖離した政策が採用される傾向が認められるが、これも現場サイドの実態を正確に把握し、説明及び理解するリサーチ方法が確立されていないことも一因であるように思われる。

したがって、地方自治体、特に住民をはじめとするステークホルダーと接触することの多い現場の実態を解明するための方法論の確立は、極めて今日的な意義を有しているのである。

（4）エスノグラフィーは、対象、文体、テーマ等の面で多様な展開を示している。Rohlen（一九七四）は「無尽」から発展してきた中規模銀行（Uedagin）における行員の日常生活に文化的な関心からアプローチした。彼は、上司・部下の関係、先輩・後輩の関係、企業内組合と経営層の協調関係等の検討を通して、西欧型のビューロクラシーの類型ではつかみきれない日本のホワイトカラーの「和と協調」を内容とする組織文化について論じている。

また、Van Maanen（一九八三、一九八八）は、ユニオンシティ（仮名）警察を舞台に多くの参与観察を行っている。例えば、彼が印象派風の記述と名付けている報告の例（犯人追跡の場面）等は、カラフルでスリリングなストーリー展開で読む者を引き付ける力を持っている。

宮澤節生（一九八五）は、札幌市内の警察署を舞台に犯罪捜査にあたる第一線刑事の行動を参与観察するとともに質問紙調査によって幹部及び第一線刑事の意識を探っている。任意同行、現行犯逮捕、緊急逮捕、勾留等、刑事手続で問題となりそうな場面における刑事の行動観察と意識の調査は、従来の研究が見落としてきた視点の重要性の再確認に役立つだけでなく、現場の活き活きとした雰囲気を伝える貴重なデータの源泉となっている。

Ｅ・サザーランドは、Ｃ．コンウェルからの聞き書きによってプロの詐欺師、泥棒の世界を描き出している。多くの隠語の意味や詐欺師達の行動について語ることで、アンダーワールドにも一定のコード（規範）があることを明らかにした。一般人の近寄りがたい社会へ入り込んでメンバーの行動と意識を探る方法としてのエスノグラフィーの有効性を示している。

金井壽宏（一九九四）は、ボストン近郊の企業者ネットワークについてエスノグラフィックな研究を行っている。金井は、メンバーの属性や運営方法等の面で相当大きな差の見られる「MIT エンタープライズ・フォーラム」と「SBANE エグゼクティブ・ダイアローグ会」の二つの事例に関するエスノグラフィーを書き、そこからネットワーク組織をフォーラム型とダイアローグ型の二つの類型に分類したうえで、両者の定量的な比較分析を行っている。

さらに佐藤郁哉（一九八四）は、京都の暴走族に対する一年に及ぶ参与観察、並びにインタビュー及びアンケートから得られた知見をもとに、従来見落とされたり、軽視されてきた暴走族自身の内面の世界を描き出しており、暴走族に対する通俗的な理解（欲求不満の若者、落ちこぼれ等の抽象的暴走族像）とは異なる暴走族の素顔に目を向けている。

また、カスタネダ（一九九三）の研究は、以上の現代社会の組織や人々を対象とする研究とは異なり、メキシコのヤキ族の呪術師ドン・ファンとの交流の記録を基礎に置く異色の内容となっている。彼は、一見、荒唐無稽に見える呪術師の世界観もその中に飛び込むことで十分に理解可能なものであることを明らかにした。特に精神の遊離体験を語るカスタネダの語り口は小説のようでもある。

以上、簡単に見ただけでもエスノグラフィーの多様性を窺うことができるが、研究される側の視点や理解を重視する点に関しては共通性を有している。地方自治体の現場は、ここで見た研究の対象となっている組織や人々と同様にエスノグラフィーの対象となり得るし、豊かな成果を期待することもできる。これまで、ほとんど手つかずのフロンティアでもあり、地方自治体を素材とするエスノグラフィーの文体、様式、理論的枠組等の開発が望まれる。

(5) ガーフィンケルは自然言語の持つインデックス性に着目している。「インデックス性とはあることばに暗黙裡に結びついている文脈依存的な決定をすべて意味する。インデックス性とは言語学から採用された専門用語である。それが意味するのは、あることばを取ってみると、それは状況を超えた意味を持っているにもかかわらず、同時にそのことばが使われるそれぞれ特定の状況において、ある明確な意味を持つということである。」（A・クロン、一九九六、四〇頁）

Garfinkel（一九六七、三八頁）は、彼の学生が妻と交わした会話に例をとって、自然言語のインデックス性を示している。その会話は、学生夫婦の四歳になる息子ダナが抱き上げられることなしにパーキングメーターにコインを入れることができたと言う夫の発話から始まっている。会話そのものは極めて簡単であるが、彼ら夫婦は互いに完全に理解することができた。

ガーフィンケルは日常の会話の特徴を次のように整理している。

(1) 会話者は発話されていないことについても互いに理解し合っている。

(2) 互いの交互に交わされる発話によって形成されるプロセスを通して理解が進められる。

(3) 普段から互いに良く知っている共通の解釈と表現のスキームを前提とする相互作用を通しておい互いの発話の内容を理解しようとする。

(4) 会話者は、会話の場で発話される以上の何ものかを掴もうとし、言葉のやり取りによって会話を発展させていく。

日常会話のこのようなインデックス性を考えるとき、現場アクターの表面的な発言や行動あるいは事業報告書的な文書を主な取材源として実体の把握をしようとしても、調査の網からすり抜ける部分が多いことが容易に理解できる。

(6) 最近の「まちづくり」では、都市計画事業や住環境整備事業等、ハードの事業と商店街振興、高齢者福祉、コミュニティづくり等、ソフト面の施策との連携の重要性が明確に意識されるようになってきている。さらにハードの事業によって形成された「まち」を管理する仕組みとして「ＴＭＯ」（タウン・マネジメント・オーガニゼーション）や「まちづくり会社」等、地域の主体的参加を前提とする新たな取り組みも始まっている。

［表4］ 設置主体の整備状況（平成11年3月，建設省調べ）

設立主体＼設立年次		昭和63年以前	平成元年～平成10年	平成11年以降	合　計
行政	都道府県	2	4	－	6
	特別区/政令指定都市	7	12	3	22
	市町村	1	7	3	11
市民セクター		1	5	－	6
合　計		11	28	6	45

＊上記の表は（森 秀毅，2000，84頁）より引用

今、各地で「まちづくり支援センター」が設置されたり、その構想が検討されたりしている。各地で育ちつつある「協働のまちづくり」の芽を大きく育てていくことがこれからの日本の都市計画・「まちづくり」部門における大きな政策課題の一つであり、全国の「まちづくり支援センター」設立の動きは、この課題に対する具体的な対応であると言える。

＜まちづくり支援センター」整備の現況＞

(1)　整備状況の特徴

建設省都市局都市計画課が各都道府県及び政令指定都市の都市計画所管課を対象として平成一一年三月に実施したアンケートによると、全国の「まちづくり支援センター」の整備の現況は**表4**の通りとなっている。

まちづくりセンターの整備は、特別区及び政令指定都市で先駆的に進められており、とりわけ東京都では一三区二市で設置済みである。大都市地域での整備（検討も含めて）が進んでいるのが特徴であると言えよう。

(2)　全国の状況

全国各地で、特に県庁所在都市等において整備が進められようとしている。設立されたセンターの多くは財団法人、株式会社等

の形態とるものが多く、第三セクター的な色彩が濃いが、奈良まちづくりセンターのように純然たる民間の団体もある（資料参照）。

（7）本書の根底に横たわる理論フレームは、コンティンジェンシー理論である。Lawrence & Lorsch（一九六七）は、プラスチック産業に属する企業組織（六企業）並びに食品産業及び容器製造業に属する企業組織（食品、容器で各二企業）の比較分析を通して、組織内の部門（生産、販売、応用研究、基礎研究等）ごとに組織の形態や特性が変わることを発見した。

また、Fayol, Mooney, Urwick, Gracunias, とGulick等に代表される古典派理論、Mayo, Roethlisberger, Dickson等の人間関係理論を紹介するとともに、T.Barns & G.N.Stalker, Woodward, Chandler等の研究をレビューし、コンティンジェンシー理論の展開を追いながら、自らの研究との対比を試みており、最後に実務への応用の問題を論じている。

Lawrence & Lorschの研究の眼目は、すべての企業組織に当てはまる理想の組織モデルは有り得ず、状況に応じて組織の形態は変化するというところにある。Lawrence & Lorschの研究に先立つT.Barns & G.N.Stalkerの研究も同様の結論を導き出している。T.Barns & G.N.Stalkerは、機械的組織と有機的組織（詳細は第一部第三章参照）を分析の基本枠組みとし、イギリスの事例研究を通して機械的組織と有機的組織のそれぞれに適合する状況に差があることを明らかにした。（T.Barns & G.N.Stalker, 一九六一）

伝統的な理論では、組織が置かれている環境の差はほとんど問題とされず、組織現象が一般的、抽象的に捉えられる傾向が強かったが、実際の組織は極めて多様で変化に富む環境の中に置かれているのであり、組織構造、文書化されたルールへの依存度、意思決定の態様、達成動機と親和動機のいずれかへの傾斜度等の面で、部門間に顕著な差が見られることを明らかにしたLawrence & Lorschの研究は、今日でも組織を考える際に重要な示唆を引き出し得る理論的な枠組みを提供していると言えよう。また、Lawrence & Lorschは、伝統的な理論がとかく無視しがちであった組織内部の構成員の感情的な要素が実際の組織内部の統合過程では大きな比重を占めることを指摘している。組織内の業務において情緒的・感情的な側面が重要な要素となっていることは我々の経験的な知見とも良く合致している。

第二部　変容する地方自治体現場のエスノグラフィー

第一章　組織における時間と境界

一　地方自治体における問題解決プロセス

大規模な地方自治体の一般的なスタイルでは、組織中枢の企画部門が主に抽象的なデータ、国や他団体の動向等を見ながら政策を策定していく。こうしたスタイルのもとでは、現場の情報が政策立案の過程に十分に反映されず、現場の実情と乖離した政策が組み立てられることも少なくなかった。

しかし、第一部で明らかにしているように激変する環境には従来型の仕事の進め方では最早対応できない。住民と接触する現場に関する多様で多角的な情報無しには、適切な政策を立案することができなくなっている。しかも、組織中枢で決められた政策を一律に各現場で機械的に実施するということは有り得ず、各現場ごとに最適の方法を考え、対応することが求められている。

最近、各地の地方自治体で住民の意向を政策に反映させるための工夫が広く見られるようになってきている。例えば京都市は基本構想の策定に当たって膨大な市民情報を取り込む努力をしている。また、各地で、なるべく現場サイド（政令市における区等）に権限を委譲しようとする動きも顕著となってきている。このような傾向は今後強まりこそすれ、弱まることは考えられない。

現場情報の重視と分権化は止まるところのない流れとなっており、現場実態の把握が大きな課題となってきている。そして、現場実態を掴む一つの方法として、エスノグラフィーに一層の注目がなされるべきであると考える。現場に集中する各種の情報を掴まずして地域における政策は語れない。現場情報の把握と分析並びに職員のスキル向上のためにエスノグラフィーは大きな効果を発揮し得るものと考えられる。

エスノグラフィーは、現場実態を正確に把握し、地方自治体の政策の立案実施に反映させる方法として有効である。今後、各地方自治体においては、断片的な情報を体系的に整理し、概念として他に伝達が可能な形に加工する技術の開発とその技術を駆使することのできる優秀な職員の養成、さらには、それらのケースデータを具体的に政策に反映させるための手順・手続の組み立てに大きな関心が寄せられることになろう。

第二部は、エスノグラフィックなケーススタディを通して現場における具体的な問題解決に役立つ知見を抽出し、その中からケースデータの集積及び分析の方法を探るとともに組織内学習の新たな展開のガイドラインを示そうとする試みである。まず、地方自治体エスノグラフィーの課題と可能性について考察を進めていくことにしたい。

1　エスノグラフィーの課題と意義

地方公務員は十年一日の如くに定型的業務を何の感動も無く淡々と処理しているというイメージが一般に流布しているが、現実はどうであろうか。ほとんどの地方公務員は環境の激変に対応するため日々苦闘しているのが実状であり、一般のイメージとはかけ離れた日常を送っている。その意味では自治体業務のエスノグラフィーの素材として適当なケースは至るところに転がっているとも言える。

問題はそれをどのようにして洗練されたケースに仕上げていくのか、読むに耐えるものにしていくのか、さらには、それらのケースから何を含意として政策形成に役立てていくのかといったエスノグラフィーの方法論を確立することにある。

エスノグラフィーの主要な素材の一つは、現場の人々の残す記録である。しかし、一般に我が国の地方自治体においては、しっかりとした記録を残すという意識はさほど高くないし、自治体職員もその種の記録を残すための訓練を十分に受けていないのが実状である。逆に、情報公開の時代を迎えて、自治体では記録が簡単になってしまったということをよく耳にする。決裁文書は限りなく薄く簡単となり、それだけ見ても何のことやらさっぱり分からないということになってしまっている。情報公開の実効性を上げるためには、記録文書作成の義務づけや記録内容の法制化等が必要であるという主張も強くなされている。

だから、長期的に見れば、行政組織内部からも正確な文書記録に対する需要が高まることにならざるを得ないと思われる。その結果、ケースライティングの技法がいずれ必須のものとなり、記録者としてのスキルを身につけた職員の養成が今後の課題となることが予想される。併せてそのような記録を自治体の政策の企画・立案にも役立つようなケースデータベースとして整備していくことが今後ますます求められていくことになろう。

したがって、今後、ケースライティングの様式・文体・内容等の標準化を進めるとともにケースのデータベース管理ができる体制を整えていく必要があると思われる。また、蓄積されたケースを政策立案に具体的に活かす方法や教育目的での使用に耐えるケースの開発に本格的に取り組んでいくことが求められる。特に教育目的にケースを利用することについては大きな可能性が秘められているように思われる。

例えば、条例の制定、公の施設の立ち上げや法的措置の実施等、具体的な問題状況に合わせた実際的で詳細なケースデータは、立ち上げるべき業務のデザインイメージを容易に掴む助けとなり、円滑なスケジュール管理のガイドともなり得る。しかし、それ以上に整理されたケースデータとそのデータベースの存在は、組織内の知識の共有と伝播に有効性を発揮し、専門的なスキルを身につけた人材の育成の面で大きな役割を果たし得る。

2　自治体エスノグラフィーの可能性

第一部で検討したように、多様化した現代地方行政の実態を把握し、政策形成に適切に反映させるためには、エスノグラフィーが有効性を発揮する。自治体ケースを中心にしたエスノグラフィーの方法を確立し、教育目的の使用にも耐えるケースの作成ができれば、現代自治体事務の理解の厚みを増すことができるだけでなく、自治体の政策立案能力の向上にも役立て得る体系的な研修プログラムなどに活用が可能となる。

そして、エスノグラフィーを通して、職員自身が地方自治体の現場職員が置かれている状況の変化を鋭く嗅ぎ取り、その変化に対応するために何らかの行動が必要とされていることを正確に認識できるようになるのである。問題解決のプロセスは常に課題意識を持つことから始まる。問題状況を問題と感じる感性が無ければ、何も始まらない。エスノグラフィーに取り組むことによって具体的な知識を獲得できるだけでなく、現実の行動につながる課題意識の醸成にも役立てることができるのである。

3　エスノグラフィーの対象としての立ち上げ期

エスノグラフィーを具体的に書き進めていくためには、現場経験に即した観察と記述が必要である。

ここで、注目することができるのは、組織の内部者にとって時間と空間は決して均質なものとして経験されるのではないことである。どのような業務においても緩急のメリハリが有る。法規と組織形態の平面では、この時間感覚は、ほとんど現れてこない。したがって、組織の時間的側面は、とりわけ現場経験に即した組織現象だといえる。

特にいわゆる「立ち上げ」と呼び習わされている時期に係わる段階と平準化・定型化が進んだ段階とでは、問題の表われ方とそれへの対処方法に差が出てくる。例えば、新しい政策理念に基づいて条例を制定したり、行政ニーズに応えて新しい組織を立ち上げたりする時と、定型業務を円滑に進めることが求められている時とでは、業務の質と内容、さらにそれに携わる人の資質も大きく変わっているはずである。そして、組織の創造的可能性は、定型的業務においても失われることはないが、とりわけ、「立ち上げ」期には、重要であるとともに、観察可能性も高くなっている。今日の地方自治体における組織イノベーションを考える際に最も役立つ情報は、変化する環境に対応するための立ち上げ期の事例なのである。

以上の考え方を理論的に整理するために、組織ライフサイクル仮説と呼ばれる理論を参考にしてみたい。

(1)　組織ライフサイクル仮説

組織に固有の時間性があること、例えば一定のライフサイクルがあることは、多くの論者によって指摘されている。例えばG.R.Jones（一九九五）は、企業組織を例にとって、①誕生②成長③衰退④死滅の四段階からなる「組織ライフサイクル」を示している。（四二一頁）また、G.L.LippittとW.H.Schmdt（一九六七）は、組織の成長過程を①誕生期②青年期③成熟期の三段階に分け、それぞれの段階に応じたマネジメントのスタイルがあることを論じている。（二〇三頁）

組織ライフサイクル仮説は、激動する環境への対応を迫られている地方自治体組織を考えるうえで有効な分析枠組となり得る。詳しく観察すれば、地方自治体の事務事業にも一定のライフサイクルがあることに気がつく。また、組織ライフサイクルの各段階ごとにマネジメントのあり方が変わってくることは経験上の知見とも良く合致している。

組織ライフサイクルには、一般に、①立ち上げ期②安定期③終息期の三段階が区別される。この三段階の内、とりわけ立ち上げ期の段階にエスノグラフィーの対象として、最も有益な情報が含まれているように思われる。特に今日、地方自治体では社会の激動期を迎えて新規事業の立ち上げに大きな関心が寄せられている。その意味からも事業立ち上げの事例はエスノグラフィーの対象として最も適していると言えよう。

(2)　組織ライフサイクルから見た立ち上げ期の特徴

筆者自身もこれまでに多くの新規プロジェクトの立ち上げに関わってきたが、その経験から言えば、事業の立ち上げ段階には他の段階には見られない明らかな特徴がある。それを整理すると、**表5**の通

［表５］　組織ライフサイクルの各段階とその特徴

	立ち上げ期	安定期	終息期
組織の形態	有機的組織（柔軟性）	機械的組織（安定性・機能性）	機械的組織（硬直性）
ルールに対する態度	ルール形成的	ルール順守的	ルール墨守的
調整の頻度	多	中	小
関係者の数、種類	多	中	小
業務の創造性	大	小	小
制度の安定性	小	中	大
担当者の資質	起業家タイプ	官僚タイプ	小役人タイプ
戦略性	大	中	小
問題の予測可能性	小	中	大
時間の制約（締め切り日の存在）	有	無	無

りである。

上記の特徴の中でも、特に「立ち上げ期」を象徴するのが「締め切り日」の存在である。施設のオープンセレモニーの日という場合もあれば、条例制定の場合のように議会の開会日であったりする訳だが、いずれにしても最終的な締切の日からすべてのスケジュールが逆算され、具体的な業務内容がデザインされていく。普通の時間の流れに沿って仕事を進めていったのでは、「立ち上げ」の成功は覚束ない。

もう一つの大きな特徴は、専門家・住民その他関係者との連絡調整の頻度の高さである。スケジュールに追われながら、多くの連絡調整を確実にこなしていく必要があり、そのために費やされるエネルギーは膨大な量に上る。また、多方面にわたって迅速に連絡調整を進めていくための高度の専門性も必要となるのである。

いまひとつの特徴としては、ルールに対する態度の差異があるように思われる。安定期や終息期では極論すれば、準拠すべきルールの順守（あるいは墨守）が大きな問題となり、ルールの解釈とその効率的な運用のスキルが高く評価される。これに対して「立ち上げ期」においては準拠すべきルールを作り上げていくことが強く求められてくる。（もっとも、多くの場合は既存のルールの再解釈と再構成で新しいルールがデザインされていくことになり、まったく新しい仕組みが考えだされることは極めて少ないものである。）

社会環境の激変期を迎え、今日、多くの地方自治体は、直面している問題を解決するために新たな制度を立ち上げる必要に迫られている。業務のライフサイクルが強く意識されるのは、今日のように特に変化の急な激変期である。変化の少ない安定期には業務ライフサイクルはあまり意識されることはなく、業務とそれに付随する各種のルール、システム等はまさに不磨の大典として意識されていることが多いものである。業務の大量・一括処理を特徴とするような安定期には、業務の効率性が何よりも重視され、基本ルールに基づいてどれほど効率良く、業務上のロスを減らしていくことができるのかという点に関心が向けられがちである。そして、基本的なルールやシステムに対する疑念はほとんど意識に上ることがない。

しかし、激動期にはいかなる不磨の大典もあり得ない。すべてが動き変化する。今はまさに社会環境が激変しているときであり、あらゆる組織で環境の変化への対応が大きな問題となってきている。自治体においても数多くの新規事業・業務の立ち上げが緊急の課題として意識されるようになってきている。その意味では、組織のライフサイクルがはっきりと目に見える形で顕に示される時代になってきていると言えよう。

二　地方自治体における組織境界面と職員

(1)　組織境界面からの視点

地方自治体のエスノグラフィーにおいて、組織時間と並んで、戦略的に重要なもう一つの概念は、組織空間、すなわち「組織境界」である。「なわばり」であるといえば、分かりやすいかもしれない。本書は、地方自治体組織の変容を現場の水準から描き出すことを目標にしているが、それは具体的には、組織空間の再編成なしには実現しない。

地方自治体の組織イノベーションの研究においては、その契機としては、①住民・議会、②首長、③組織内部（そのインターフェイス：境界面）の三つの要素が重要な位置を占めると言われる。これら三つの要素の相互作用によって、具体的なイノベーションのプロセスが規定されていく。これらは、いずれも、組織の境界面によって区切られた存在である。

この内、自治体組織の外側にある住民・議会と首長についてはアンケートやインタビュー等を通して、ある程度の情報を得ることが可能であるが、一般的に組織（境界面）内部の活き活きとした情報にアクセスすることは現状ではほとんど不可能である。

確かに情報公開法（平成一一年 法律第四二号）や関連条例が定められ、地方自治体の文書情報にアクセスする権利の保障は格段に進んできている。しかし、文書情報にアクセスしたとしても、そこには可能な限りの狭雑物を除いた情報の残余があるばかりである。リダンダントな情報を公文書の中に見つけることは至難の業である。

ここでも、職員の日常業務が重要なポイントになる。例えば、畠山（一九八九）は現場の第一線職員を境界的アクターと位置づけ、組織と外界を繋ぐ第一線職員の情報変換機能に着目して次のように述べている。「第一線機関における人間処理加工の核心は、クライアント・カテゴリー化である。クライアント・カテゴリー化の基本的課題は、クライアントに関する情報の創出ということである。クライアント関連情報はスパーマーケットで手軽に手にできる便利なパッケージ商品ではまったくない。逆に相当高度な専門技能を備えてはじめて獲得され、その運用においてはさらに高度の判断能力を要求する情報である。このように複雑な人間的判断を経て形成される情報は、第一線機関の機能的必要条件をなしており、すべてがそれを基礎に展開する重要な要素となる。」（九一頁）そして、第一部で論じたように環境の変化を反映して地方自治体職員の境界的アクターとしての役割の重要性は従来にも増して高まってきている。

地方自治体の組織イノベーションを的確に捉えようとすれば、現実に外部と接触する「境界的アクター」としての現場職員の仕事に焦点を当てる研究が不可欠となる。本書は、まさに外部の研究者にとってアクセスの最も困難な組織内部とりわけ住民と直接接触するインターフェイス（境界面）に視点を据えて、リダンダントな情報を再構成しようとする試みである。

古典的な官僚制モデルが示す非情性の原理によって、行政はあたかも機械のようにいかなる感情も交えることなく執行されている、あるいは執行されるべきだと理解されることが多い。しかし、現実には境界面の現場における職員の感情的な要素を無視して、現場の意思形成のプロセスを考えることはできない。現場の意思決定において個々の職員の感情が果たす役割は決して小さなものではない。そして職員の感情は、彼や彼女がいかなる組織や部局に所属しているかによって大きく左右される。つまり、職員感情は、組織境界にかなりかかわる現象である。

職員の感情の動きを公文書から窺い知ることはほとんど不可能である。なぜならば、職員の感情に係わる情報は、組織時間に関する情報と同様に、公式の記録や法規その他の公式組織構造の記述からは抜け落ちてしまうからである。しかし、先にも述べたようにその種のリダンダントな情報の中にこそ、組織イノベーションを考える際の最も重要なカギが隠されている。したがって、本書の取り組みは流し去った砂の中から一緒に流れ出た金の粒を拾い上げようとする試みなのである。

(2) プロジェクトチーム

組織境界と組織時間に関わる重要な現象は、プロジェクトチームである。すでに第一部第二章で述べたように、今日、各地の地方自治体で組織横断的な取り組みとして、プロジェクトチームが多用されるようになった。第二部でとりあげようとする現場の事例はすべて一種のプロジェクトチームである。現在、地方自治体の現場では、多くの異なる職種の職員から構成され、住民、外部の専門家等との接触が日常的に行われるプロジェクトチームが無視できない存在となりつつある。

第一部第三章のアンケートにも示されているようにプロジェクトチームの態様は多種多様である。しかし、問題の発見と解決に一定の役割を演じていることを読み取ることはできた。政策主体としての地方自治体の役割が今後鮮明になっていくにつれて、問題発見解決型組織の重要性が高まることが予想される。プロジェクトチームは、地方自治体における問題発見解決型組織の最もポピュラーなものの一つであり、プロジェクトチームの活動実態を調べることで現代地方自治体組織のイノベーションの一端を窺い知ることができると考える。プロジェクトチームを機能させるには、目的とメンバーの役割分担が明確にされなければならないだけでなく、スケジュール管理を始め全体的なマネジメントに責任を持つディレクターとしての役割を果たす人材の存在が重要な要素となる。

第二部では、具体的なプロジェクトチームのケースヒストリーに関するエスノグラフィックな記述を通して、プロジェクトチーム運用の知恵と課題についてさらに掘り下げていくことにしたい。

第二部は、公営住宅管理、及び、まちづくりセンターという、二つの行政現場の事例研究から構成される。いずれも筆者が直接経験した神戸市の組織における事例である。神戸市役所という組織の中のしかも限られた事例であるため一般化は困難であり、他の地方自治体では妥当しないことも十分に考えられる。しかし、本書は、一般的な理論モデルの構築を目指すのではなく、具体的な現場事例の描出を通して現代地方自治体における組織変容のプロセスを全体的に理解するための方法を探り当てることを目指しているため、一般化を究極の目標としている訳ではない。むしろ、これまでほとんど扱われることの無かった地方自治体現場の生のデータを提供することによって、地方自治体研究の新たな方向を探る一助としたいと考えていることを強調しておきたい。

第二章　公営住宅管理のエスノグラフィー

一　公営住宅管理と自治体紛争管理

公営住宅の管理業務においては、多くの紛争が日常的に発生する可能性を秘めている。ところが、住宅は高度に個人的なことがらであるため、そのような紛争がどのように解決（問題の先送りも含めて）されているのかを直接の当事者以外の者が知ることは難しい。このため、紛争解決のプロセス、特に組織内の学習に焦点を当てたエスノグラフィーは、これまでほとんど知られることの無かった現場実態に関する基礎的なデータを提供するという面で地方自治体研究に大きく貢献ができるだけでなく、実務に携わっている地方自治体職員の問題解決にも役立ち得る知見を抽出するうえでも効果的である。以上のような視点に立って、公営住宅管理業務における紛争解決プロセスのエスノグラフィーを書き進めていくことにしたい。

このエスノグラフィーの目指すところは、地方自治体における紛争の法的解決プロセスへの舞台裏からアプローチである。地方自治体における紛争解決プロセスについては判例研究的な取り組みが一般的である。問題点を整理し、解決の戦略を組み立てるためには判例研究的アプローチはもちろん必要である。しかし、判例に現われるまでの過程においても実は組織内でドラマが進行している。争点が法律的に整理され、法的な紛争としての装いを纏うまでには実に様々な場面が演じられているのである。地方自治体の現場担当者の視点から言うと、事案が司法判断に委ねられるところまで来れば、紛争解決プロセスのほぼ最終段階に到達したことになる。むしろ、訴訟提起に至るまでの組織内調整や相手方との折衝等、純然たる法律的な範疇からは外れる部分のマネジメントのスキルが重要性を持っている。この領域については、詳細な研究や報告も無く、体系的に記録されることも極めて希である。

しかし、地方自治体の現場における紛争（問題）解決プロセスでは、この種のマネジメントのスキルこそが問題解決の帰趨のカギを握っていると言える。紛争処理プロセスの初動期段階における対応の質が後のプロセスに決定的な影響を与える。訴訟も含めた紛争処理プロセス全体に関する明確な戦略を欠いた対応では早期の紛争解決は難しい。例えば初動期の対応が不十分なまま訴訟を提起したとしても、立証等で困難を生じる場合が多くなるのである。

残念ながら地方自治体の現場では、紛争解決プロセスのマネジメントについては、ほとんど注意が払われておらず、また、具体的な知識・経験も極めて乏しいのが実状であろう。明確な方針の無いままに、その場しのぎの対応に終始し、結局、解決の好機を逸してしまうことも多い。このような対応は、現場担当者のストレスを高めるだけで問題の解決には決してつながらない。時期を逸すると、結果的には問題の解決に多大の時間とエネルギーを要することになり、現場担当者にさらにストレスの重圧をかける悪循環に陥っていく。したがって、問題解決プロセスのマネジメントのスキルを組織内に蓄積していくことが大きな課題となってきていると言える。

以下では、神戸市住宅局管理課（以下、「管理課」という。）における職員Ｋの一九八六年度から一九八八年度に至る三年間にわたる経験と観察に基づく一種のケースヒストリーを記述する。この記述の特色は、参与観察やインタビューの結果ではなく、担当者として関与した事件についての直接の見聞が主な内容となっているところにある。

二　神戸市の住宅管理事業

神戸市は、約四万戸の住宅を管理する県下有数の家主である。住宅は生活の根本にかかわるだけに各種各様のトラブルを生じやすく、その管理にあたっては極めて広範囲の問題を扱う必要に迫られている。公営住宅管理の関係は、公益上の特別の配慮が加えられているものの、基本的には借地借家法の適用があり、民間の借地借家の関係と同じものと理解されている。

公営住宅管理業務は、大まかに言うと三つの部分から構成される。つまり、①家賃等の収納管理②入退去等の入居者管理、及び③施設管理である。これらは、大量の情報を一括・定形的に処理することが中心となる業務であり、神戸市の場合、リアルタイムでオンライン処理できるシステムが一九八〇年代前半に導入されたところであった。

しかし、住宅の管理は、それらのどちらかと言えばルーティンとして処理できる業務に止まるわけではなかった。むしろ、神戸市を含む多くの大都市の住宅管理者の頭を悩ましていたのは、定形業務を外れた所から生じてくる問題への対応であった。本事例の当時、それらの事務には、参考となる前例も無く、適当な手引書も無かった。現場でしばしば目にする建設省等が監修した「〇〇法解説」の類の本を開いても、具体的な行動につながるヒントを得ることはほとんど不可能であった。さらに過去の具体的な処理の経過が正確に記録されることも希であるため、組織内において問題解決のための知恵が蓄積され難い状況にあった。

公営住宅は、公営住宅法第一条で定めている通り「国及び地方公共団体が協力して、健康で文化的な生活を営むに足りる住宅を整備し、これを住宅に困窮する低所得者に対して、低廉な家賃で賃貸し、又は転貸することにより、国民生活の安定と社会福祉の増進に寄与することを目的とする」住宅である。大都市地域の大規模な団体では、管理戸数も数万戸に達しており、管理に要する費用、事務量等は膨大な量に上っている。

しかも、時代とともに団地は巨大化、高層化の一途を辿り、一般的に管理業務は複雑化していった。まず、家賃の収納については、景気変動の影響を受けやすく、滞納者対策に係わる業務が管理業務の中で大きな比重を占めるに至っている。公営住宅の入居関係は私法上の関係とされており、入居者との間に紛争を生じた場合、最終的には民事訴訟を提起し、債務名義を取得した上で、明渡しの強制執行を執行官によって行ってもらう必要がある。しかし、一九八〇年代以前は、多くの地方自治体で法的措置がとられることは稀であった。

次に用地確保の困難性と供給戸数確保の必要性から公営住宅は近年集合住宅形式で建設されており、ペット問題、近隣騒音等、入居者相互のトラブルを発生させる可能性を内在している。これらの住民間のトラブルや住宅に対する相談、苦情の件数は増大する一方であった。公営住宅管理担当部門の業務の大部分はこれらの苦情への対応であると言っても過言ではない。各地の公営住宅管理者からは、用法違反の入居者への対応に苦慮する事例が多数報告されている。

また、公営住宅は、低廉な家賃で良好な住宅を提供することになるため、通常の借地借家の関係と異なり、公募原則が貫かれ、入居者は住宅の転貸や入居権の譲渡を禁止されている。（公営住宅法第二七条第二項）ところが、市場家賃と比較して低廉な家賃を設定すると、どうしても違法な転貸や入居権の譲渡の温床となりがちである。この種の違法な転貸・譲渡を放置すると、公営住宅法の趣旨を没却することになり、莫大な公費を投入して建設されている公営住宅の入居の公平を損なうことになる。このため、違法な譲渡転貸の発見是正も公営住宅管理者の重要な業務の一つとなっていた。

三　一九八〇年代後半の組織変容

(1)　住宅適正管理対策の推移と組織の対応

管理課のケースヒストリーを書くにあたって、まず始めに公営住宅管理対策の推移と組織としての対応を素描しておきたい。一九八〇年代に入って、神戸市を始め各地で公営住宅の家賃滞納、用法違反、違法な転貸や入居権の譲渡等が問題となってきていた。また、会計検査院の検査でも公営住宅の管理が問題とされる等、公営住宅の管理に関心が向けられ、マスコミでも取り上げられるようになった。（東京都が訴えを提起したことを伝える朝日新聞一九八三・三・二三、六・三〇の記事参照）

神戸市でも、家賃滞納対策及び不適正入居対策は市会で取り上げられていた。このような状況を背景として市営住宅管理の適正化に向けて何らかの対策を講じる必要に迫られていた。そして、一九八三年四月には管理課に滞納訴訟班が発足した。滞納訴訟班は試行錯誤を繰り返しながら、滞納訴訟を大量に処理する体制を整えていった。この結果、総務局法規係、弁護士事務所、滞納訴訟班によって構成されるシステムが立ち上げられ、一九八七年当時には、年間約二〇〇件の案件を処理する体制が形作られ、ノウハウも蓄積されていた。また、担当職員のスキルも確実に向上していった。

他方、不適正入居担当のラインは、一九七五年ごろに散発的に不適正入居訴訟に取り組んだ記録は残っているものの、ほとんど具体的な取り組みは行っておらず、実質的には小修繕等への対応と住宅の募集業務のラインに変質してしまっていた。また、業務遂行の上で滞納訴訟班とは、ほとんどコミュニケーションは無く、滞納訴訟班に蓄積された知識・経験を資産として活用する姿勢は希薄であった。

しかし、問題は山積しており、何らかの対応策を講じざるを得ない状況に立ち至っていた。Ｋが管理課へ異動した翌年の一九八七年四月に改良係の不適正入居担当主査のラインを母体として指導係が新たに編成された。この係は懸案の処理に当たるための一種のプロジェクトチームとして位置づけられていた。指導係発足後、懸案及び新規案件に着手した。具体的に事業に取り組むまでには紆余曲折があったが、その内容についてはケースごとの検討の中で触れることにしたい。

問題解決プロセスのマネジメントは、組織内学習と組織イノベーションを核として発生した。まず、六つのケースの取り組みを軸として組織の動向を跡付ける。個々のケースを読むだけではケース相互の時間的な前後関係や関連が分かりにくいと思われるので、最初にケース全体についての動きを簡単な年表で示したうえで、ケースごとの記述に移ることにしたい。それぞれのケースの処理状況を時系列に従って並べると一一五頁の年表（**表6**）の通りとなる。

(2) ケース相互の関連

ケース１とケース２は同一団地の事例であり、この二つのケースは相互に影響を及ぼしあっていた。ケース１は実質的に指導係の取り組み第一号であったが、ケース１の進展に伴ってケース２にも動きがあった。特にケース１で暴行事件を引き起こした入居者Ａの逮捕とその後の経過は、ケース２における和解の成立に大きく影響を与えていたように思われる。（担当弁護士は両ケースともＩ弁護士）

ケース３（担当Ｎ弁護士）は他の事例と異なり懸案事件ではなく、新規事件であった。年表で確認できる通り他の事件と比べて極めて早い解決が特徴となっている。この理由として指導係の紛争処理手続に対する習熟をあげることができる。指導係は、当時既に弁護士及び総務局法規係との協働にも慣れ、紛争解決プロセスの全体像がほぼ分かるレベルに達していたため、効果的な対応ができたと言える。

ケース４（担当Ｎ弁護士）は処理が途中で放棄されていた事件である。債務名義を得ていたにも拘わらず、執行の申し立てをせず、長期間にわたって放置していたため、解決が長引いた。担当職員が相手方との折衝を忌避するあまり意図的に事案隠しを行い、解決の時期を逸した事情が読み取れる。トラブルに正面から対面せざるを得ない事務においては、職員の間でこの種の逸脱行動が生じることが多い。個々の職員からすると逸脱行動は合理的な判断の結果であるかもしれないが、組織としては大きな問題を抱え込んでしまう。職員の逸脱行動をコントロールするためには、紛争処理に関する高度のマネジメント能力を組織として整える必要性があることを本事例は例証している。

ケース5（担当I弁護士）とケース6（担当O弁護士、N弁護士）は同一団地の事例である。具体的なケースに取り組むにあたって、懸案事項を多数抱える団地に重点的に入っていく方が相乗効果も期待でき、効果的であるとの判断に立って取り組んだケースの一部である。両ケースとも入居者の入れ替わり（違法な転貸・入居権の譲渡）への是正対応が内容となっている。ケース5では、入居者は入居時の事情を盾に転貸の正当性を主張していた。また、ケース6では滞納訴訟において明渡判決が確定した後、入居者が入れ替わっていることが判明したため、滞納訴訟班から指導係に処理が引き継がれたケースであった。

(3)　事案処理の推移

この年表からは複数のケースが同時並行的に進められている様子を読み取ることができる。また、指導係の発足に至るまで滞納訴訟以外の処理はほとんど進んでいなかったことが分かる。さらに不適正入居に係る紛争処理プロセスの全体を見る時、訴えの提起から執行に至るまでの時間は意外に短く、むしろ、訴えの提起に至るまでの期間や債務名義を得てから執行の申し立てをするまでの期間が均衡を失するぐらいに長いことに気づく。

これは地方自治体が法的措置を取る場合、法的手続そのものよりも、法的手続に着手するまでと債務名義を取得してからの職員の対応が、法的措置の成否を決する上で決定的な意味を持っていることを示している。法的手続は裁判所や執行官の手によって淡々と進められ、世上言われているほどには時間を要していないとも言える。問題解決に非常に長い時間を要する最大の原因は地方自治体職員の対応そのものにある。特に担当職員の逸脱行動を如何にコントロールするかが大きな課題となってくる。単に組織を作って人を配置しただけでは、具体的な問題解決プロセスは進まない。むしろ、配置される人材の質が問われることになる。問題に正面から向き合わず、本来の問題解決プロセスから逸脱した行動（地方公務員の組織文化からはその種の行動が生じ易い。）を取る職員ばかりでは、問題は先送りにされるだけで、根本的な解決は期待できない。

さらに抽象的な学習では問題の解決はできないことも読み取ることができる。Kが管理課へ異動した一九八六年から指導係が発足する一九八七年まで具体的な動きは全く無かったが、これは、この間、判例や民事訴訟手続の調査に明け暮れ、具体的なアクションプログラムを立案実行することが無かったからである。

滞納訴訟班も立ち上げ時には一種のプロジェクトチームとして家賃滞納対策に取り組んだ経緯があるが、そのプロセスの中で具体的なプログラムが組み立てられていった。具体的に問題を解決するためには法的措置を含むすべてのプロセスにおいて誰が何を為すべきかに関するルールが必要であり、具体的な行動の手順・手続を定めたプログラムが不可欠である。また、抽象的な知識をどれほど蓄積しても、具体的な行動につながらなければ、画餅の域を越えることはできないとも言える。以上のことからリスクを侵して具体的な行動がとれる職員とそれをバックアップする組織体制の必要性が示されている。

神戸市においては、年間約二〇〇件の「家賃滞納を原因とする住宅の明渡訴訟」（以下、「滞納訴訟」という。）を処理していたほか、指導係発足後は「住宅の不適正な使用を原因とする明渡訴訟」（以下、「不適正入居訴訟」という。）の面でも具体的な成果を上げていった。これは、まさに地方自治体現場の紛争解決のプロセスにおいては、法的手続そのものよりも明確な処理方針の設定、組織体制の確立等、紛争解決プロセス全体のマネジメントの方が本質的な問題であることを示している。

そして、右記のような含意を引き出すためには実際に事件に取り組まなければならない。現実の問題解決プロセスに即して知識のレベルは上がっていく。抽象的、総論的な学習では知識のレベルは一定の水準を超えることはできない。実際に経験しないと実務レベルで使える具体的な手続的知識を組み立てることができないのである。その意味で実際の事案に取り組むことは職員の実務能力を高める上で極めて効果的な学習方法となる。

さらに個々の事例についてエスノグラフィックなケースを書き上げることで個々の職員に蓄積された暗黙知としてのノウハウや知恵を体系的に整理し概念化することができる。このことによって問題解決プロセスのマネジメントに関する具体的な知識や体験を組織内に蓄積伝播するための方法を確立することができるようになる。

なお、組織ライフサイクルに関して言えば、市営住宅の適正管理に取り組むためのプロジェクトチームとして発足した指導係は、その後、体制の強化と事務の標準化が進められ、事務の定型化が急速に進んでいった。この過程を経て事案処理のノウハウとスキルが蓄積され、多くの情報が文書化された。組織としては安定期の段階に入っている。

［表６］　ケース関連略年表

年月日	ケース1	ケース2	ケース3	ケース4	ケース5	ケース6	組織の働き
75年頃							不正入居担当主査配置
83年頃	周りの住戸を移転	不法占拠の是正指導					
83.4							滞納訴訟班発足
83.11				明渡訴訟提起			
84.3				勝訴判決			
84.9				別訴勝訴判決			
85年頃					不正入居発覚		
86.4.1							K、管理課に着任
87.4.1							指導係発足
87.6.30						滞納訴訟勝訴判決	
87.9	勧告文書発送						
87.10.6	現地確認、暴行事件発生						
87.10.8	Aの逮捕						
87.11.6				執行期日			
87.11.20	明渡訴訟提起						
87.11.25				執行期日(2回目)			
88.2頃			匿名通報				
88.3.7			現地調査				
88.3.11	第1回口頭弁論期日						
88.3.18			住宅返還届				
88.3.24	第2回口頭弁論期日		予備執行				
88.3.29			仮処分執行				
88.4.1			任意退去				
88.4.8				予備執行(動産差押)			
88.4.12		警告文書発送					
88.4.22	第3回口頭弁論期日						
88.4.28				任意退去			
88.6.20	第4回口頭弁論期日						
88.6.27					住所地調査		
88.7.5					現地調査		
88.7.8	判決期日						
88.7.15		使用許可取消予告					
88.8					明渡訴訟提起		
88.8.12		使用許可取消通知					
88.9						別訴勝訴判決	
88.9.14					被告側から電話		
88.10.3					第1回口頭弁論期日		
88.10.14	予備執行(動産差押)	第1回口頭弁論期日／和解					
88.11.16	執行(断行)						
88.11.28					勝訴判決		
88.12.1					カギの返還		
88.12.2					退去		
89.1.20						予備執行(動産差押)	
89.2.13						執行(断行)	
89.2.27						執行(完了)	

(4) 職員Kの管理課への異動

Kは一九八六年に管理課へ異動した。この年、Kは三五歳、係長に昇格してから四年目の春であった。管理課は四万戸の市営住宅の管理を受け持つ大きな課であった。Kにとって、市営住宅の管理はそれまで経験したことの無い業務であった。当時、市営住宅の管理を巡って、家賃収納率の悪化、用法違反、住戸の違法改造及び違法転貸等、多くの問題が山積していた。これらの問題は市議会でも取り上げられていたし、全国的にも会計検査院の検査やマスコミ報道等で問題とされていた。管理課では当然のことながら、それへの対応が喫緊の課題とされていた。しかし、問題解決に具体的に取り組んで行く姿勢は希薄であった。むしろ、問題を表面化させないことに注意が払われていた。

① 管理課不適正入居担当ラインの雰囲気

Kが管理課へ赴任したとき、前任者はわざわざ人のいない別室へ行ったうえ、当たりを見回してさも重大な秘密を打ち明けるかのような表情で「この仕事はたいへんな仕事やから、苦労が多かった。自分からは何もしないほうが良い。任期のきれるのを待つのが一番や。」と極めて異例の引継ぎを行った。その時の様子があまりにも異様であったので、今でも強くKの記憶に残っている。そして、役に立つ情報は何も伝達されなかった。

ところで、管理課は、その仕事が地味で、困難な対人折衝も多いため、非常に人気の無い課の一つになっていた。Kも複数の人から「たいへんな所へ行く羽目になりましたなあ」と励ましとも慰めともつかない言葉をかけられていた。そのうえに件の引継ぎを受けたので、何とも言えず意気消沈してしまった。その時のＫの気持ちは、なんとか三年の任期を無事に終わって切り抜けたいということだけであり、耐えきれるかどうかの不安とそれからどのように逃れるかということしか頭にはなかった。

当時、管理課で最も問題となっていたのは、住宅の適正管理の問題であった。具体的に言うと、決められたとおりの部屋の使い方をしなかったり、勝手に他人を住まわせたりする事例にどう対処していくかということであった。これらの問題は、件数こそ多くないが、一つ間違えば、住宅の管理全般に悪影響を及ぼしかねない性質のものであった。しかも、先にも述べたように市議会の委員会質問等で取り上げられたこともあった。それにもかかわらず、それらの問題は、放置されたままとなっていた。

管理課のほとんどの課員は、日常の些々たる苦情処理に明け暮れして、その日が無事に終われば良いという態度であり、次の人事異動で転勤する日を心待ちにしているという状態であった。管理課には、課長一名と課長級の主幹が一名、係長と係長級の主査が八名配属されていたが、問題解決のための具体的な指示は何も出されてはいなかった。

全体として、問題を先送りにして自分の任期中には着手したくないという気分が横溢していた。Ｋにとっても管理課での一年目は苦渋に満ちたものであった。正直なところ、毎日、仕事に出ていくのが非常に欝陶しく感じられ、一日も早く異動の日を迎えたいと思っていた。そして、具体的な事案処理を避けて、制度の調査に取り組み、民法や民事訴訟法、さらには判例研究を専らにしていた。抽象的な問題として取り扱っているかぎり、現実の危険は何もなく、しかも、Ｋがこれまでに慣れ親しんできた分野の仕事でもあり、単なるレポートを書くだけなら何の造作もなかったからである。

今から考えればこれは明らかに逃避であった。本当にやらなければならない仕事の代わりに毒にも薬にもならない仕事に手を染め、いかにも忙しそうなふうを装うことができたからである。毎日のようにレポート作成に励み、膨大な量の資料の山を築きあげていった。資料の量とは裏腹に事態は一向に改善されず、Ｋも担当者も具体的な事案処理のノウハウを身につけることはなかった。そして、本来の解決すべき問題については知らぬ顔の半兵衛をきめこんでいたのである。

このような経過を経て作られたレポートは、まったく無意味なものであった。むしろ問題解決にとっては却って有害ですらあった。法律や判例についての解説書の二番煎じの資料をいくら作っても、意思決定の有効な支援材料とはならなかったのである。

また、適正管理の問題については、たびたび会議が開かれていたが、何も決まらなかった。誰も自ら火中の栗を拾おうとはしなかった。一般的で抽象的な話に終始し、問題点の整理すら満足に行なわれず、やらないための理屈が大手を振って罷り通っていた。Ｋ自身も前任者からきいたステレオタイプ化した情報をもとに、拙速主義の非をならし、慎重論を唱えていた。できれば具体的な措置はとりたくないというのが本音であった。

②　行政マンの常識

改良係（団地管理担当）には係長・主査が配置されていた。このうちB主査は非常にトラブルの多い団地を担当していたが、仕事に対しては前向きであった。B主査の話では、先任のA係長とKの前任者であったX主査から有形無形の圧力をかけられて、仕事に前向きに取り組もうとすると必ず横槍が入ったそうである。KはX主査から「B主査は現実が解っておらず、勇ましいことばかり言うので、おおいに迷惑した。」と聞いていたので、彼らの横槍の内容を概ね推察することができた。

そして、B主査は、「彼ら二人から、色々なことを聞かされたが、はじめは何も解らなかったので、たいへんな不安を感じて気の休まることがなく、積極的に仕事に取り組もうという気にはならなかった。しかし、実際に現場へ出て事に当たってみると彼らの言っていたこととまったく事情が異なっていることに気が付いた。彼らは、ほとんど現場に出たことはなく、彼らが事実と言っていたことは単なる伝聞に過ぎないことがはっきりした。これがわかってからは気が楽になり、自分のペースで仕事ができるようになった。」とも語っていた。そして、KとしてはB主査からフォーマルなものもインフォーマルなものも含めて、さまざまの実際の情報を聞くことにより、前任者からの引継ぎ事項に信憑性がないことに次第に気づいていった。B主査がいなければ、Kは引継ぎ事項を鵜呑みにし、毎日、戦戦兢兢として過ごしていたに違いない。

管理課改良係では、三年で異動するという不文律があり、係員は程度の差こそあれ、異動の日を心待ちにし、自ら何をなすべきか、どのようにすれば問題を解決できるのかを考えようともしていなかったように見受けられた。そこには、「行政マンの常識」が強い力で係のメンバーの意識を支配しており、任期中は問題への取り組みはしたくないという思いが蔓延していた。そして、誰かが仕事を肩代わりするのは良いが、張り切りすぎて自分たちの仕事に跳ね帰ってくるようなことは、やりすぎだから困るというのが係の中での暗黙の了解事項だった。

③　転換点

二年目に入った一九八七年、職制の改正があり、改良係から指導係が分離独立した。指導係は管理問題全般についての調査研究と法的措置の実施がその職責であった。指導係は家賃滞納対策をはじめとする住宅の適正管理が市議会等で問題とされる中で、法的措置を担当する主査ラインを母体に発足した。改良係に残った者にとっては、厄介なことをすべて指導係に押し付けることができる名分を得たことになり、積極的に協力しようという姿勢を示すものはわずかであった。Kは指導係の法的措置担当の主査になったが、その時、Kは、まだ前年に引き続いて制度研究を主にして、具体的な法的措置についてはできれば避けたいと考えていた。

四月の定例人事異動で指導係に三名の担当者が配属されてきた。担当者はすべて転入者であった。三名のうちMは、民間企業の勤務経験があり、実務能力、体力、気力の面で群を抜く存在であった。新しい係ができても、戦略的な構想が組み立てられていた訳ではなく、むしろ、新しい係は適正管理問題の解決に向けてとるべき方策の調査研究を主な目的とするものと位置づけられ、具体的な行動ではなく、打ち合せや会議に明け暮れていた。

五月になって、会議の席上、Mが「一か月もの間こんな無意味な会議ばかりで一体、何を考えようとしているのか。解決を迫られている問題がそこにあるのに大上段に構えた議論ばかりで、本当に仕事をする気はあるのか。何かをさせたいのなら明確な指示を出してほしい。指示も無いまま、矢面に立たされる担当者の気持ちを考えてもらいたい。」と発言した。

これに対して主幹や指導係長は、「一〇年以上にもわたって、手を付けかねていた問題であり、一朝一夕には答えが出ない。この係を作ったのも、この問題にどう取り組むかを考えるためであり、しばらくは産みの苦しみが続くが、それを乗り越えて、方向性を見極めるまでは具体的な対応は難しいのではないか。」と答えていた。（主幹や指導係長は、このとき別にやりたくないための屁理屈を言っていたわけではなく、この問題にどう取り組むか本心で迷っていたように感じられた。）

この議論を聞いていてKは、Mの意見は事の本質をついていると思った。一年間にわたって、様々な資料を作ってはみたが、実際には何の役にも立たない代物であり、具体的な取り組みこそが必要であると考えるようになっていたからである。そこで、Kは、「ここで取り扱いに苦慮している問題は、個々の問題の集積物であって、一つ一つの問題をどのように解決していくのかを考えていくことが肝要である。Mの言うとおり適正管理問題全般について抽象的に議論をしてみたところで具体的な解決策は何も出てこない。具体的な事案の解決策を考えることこそ大事なのである。」と主張し、Mの意見を支持した。

この後、何回かMと意見交換をするなかでKはそれまでの自らの仕事に対する取り組み方が誤っていたことに気が付いた。そして、主幹や指導係長の説得に当たった。これが功を奏して、この後、程なく、懸案となって解決を迫られている問題をケーススタディ的に取り上げ、具体的な事案処理に取り組むことになり、その旨の指示が出された。

このケーススタディを進めていく中で、個々の問題に対する情報がまったく整理されておらず、しかも、きちんとした事務引継ぎもされていないため、手元の資料では何も解らないことがはっきりした。前任者であるX主査の言っていたことは、事実にもとづかない伝聞にすぎず、正確な事実を自分の目で確かめようともしていなかったことも明らかとなった。

ところで、ケーススタディが進んでくるにつれて決断の時が迫ってきた。つまり、解決を目指して具体的な行動に出るかどうかについて決断が求められるに至ったのである。慎重論者は、すべてのケースをもっとよく調べて、そのうえでどうすれば良いかを決めれば良いとの意見であったが、積極論側から「それは引き伸ばしの方便にすぎず、状況の違う紛争事案を十把一からげに扱うことはできない。紛争の熟度の高いもので、管理上、早急な解決を求められているものから、法的措置を前提に順次処理していくべきである。」との主張があり、意見が分かれた。

積極論側から上司である主幹に対して次のような意見具申があった。「①書類や周辺の住民等から得られる情報をいくら調べても何も解らないこと②相手方と接触しなければ問題の解決にはつながらないこと③相手と接触するには、問題解決に向けての全体構想をたてておくことが前提となることを指摘し、本気で問題の解決にあたるつもりなら、訴訟による明け渡しを求めていくことこそが最適の戦略であること、そして、これ以外の選択はあり得ず、抽象的な調査をいくら進めても問題解決に必要とされるノウハウや知識は得られない。」という内容であった。

これに対して、慎重論者からは、「神戸市が抱えている紛争事例は多数あり、そのすべてを解決できる目処が立たないかぎり、行政の公平性は確保できない。相手方から違反者は数多くいるのに何故自分だけが狙打ちにされるのかと言われたときに答えに窮することになる。すべての体制を固めたうえでないと具体的には動けない。」との主張があった。

この主張に対して、積極論者から「行政の公平性云々は、紛争解決の本質を理解しない謬見であって、やらないための口実にすぎない。どこから手を付けようと神戸市の勝手であり、相手方からとやかく言われる筋合いのものではない。紛争は、個別性にその特徴があるのであり、一つずつ潰していく他に解決の方法はない。すべての体制が固まるまで何もしないというのは百年河清を待つと言うに等しい。」との反論があった。双方の意見は平行線をたどったが、最終的に主幹から紛争事案に具体的に着手していくとの指示あり、結局、積極論が採用となった。その結果、具体的な問題解決のプロセスが始まっていったのである。以下、具体的なケースごとの軌跡を辿ることにしたい。

(5) ケースごとの記述

（注）以下の事例中の住宅名称、住戸番号、等はすべて仮装してある。

（文中の肩書き、組織名はすべて当時のもの）

＜ケース1＞

D団地三号棟五〇〇号室の名義人E他二名に対する住宅の明渡及び損害賠償請求事件

（事件の概要）

本件住宅の居住者は室内で三頭の犬を長年にわたり飼育していた。その飼育方法は常軌を逸しており、犬の糞尿などの汚物が室内に堆積し、悪臭が充満していた。このため、近隣の住戸は住むに耐えない状況となり、やむなく別の空き家に移転せざえるを得なくなった。当該五〇〇号室に隣接する四戸をこういう次第で一九八三年頃までにすべて移転させたが、これらの部屋は事実上利用できない状況となった。

市からは数回にわたって是正の指導を行ったが、Eはまったく耳を貸そうとせず、あまつさえ指導に赴いた職員に自転車をぶつける素振りを見せるなど、まともに話しすらできない状態であった。（是正指導の事情については管理課で伝えられていた話であり、あまり信憑性はない。むしろ本気で指導をしてこなかったことへの口実のように思われる。）

その後、右記のように回りの住戸を移転させたため、当面の苦情が持ち込まれることはなくなった。その結果、本件は事実上放置されたままとなった。しかし、状況は一向に好転せず、そのまま放置するならば、建物本体に回復困難な損害を被る可能性すら出てきた。そのうえ、当該団地及び近隣の団地で迷惑行為などの是正指導に出かけても、「本件をかたずけることもできないで何を言いにきた。」とばかりに追い返される始末であった。

このような状態を市として座視することができなくなり、法的措置を取ることを前提に一九八七年九月、勧告文書を二回にわたって発送した。ところが、これに対しても何の応答もなかった。このため、同年一〇月六日、現地確認と是正勧告を行うため、現地へ赴いたところ、管理課職員のＫがＥの長男Ａから暴行を受け、全治三日間の打撲傷を負わされる事件が発生した。この日は、Ｋを含む一〇数人の管理課職員が現地に出向きＥ方を訪れた。玄関の前で来意を告げたが、部屋の中からの応答は無かった。五分ほどしてＡの弟Ｂが自転車に乗って戻ってきたが、管理課職員の姿を見て恫喝的な言辞を発しながら、そのまま立ち去った。しばらくして、Ａが部屋の中から出てきた。Ａは小柄で色黒の中年男性であった。Ｋは住宅前の敷地上でＡに声をかけた。Ａは「何の用や。」と言いながらＫと相対する位置に立った。他の管理課職員はＡを取り囲むように立っていた。

Ｋは「私は神戸市住宅局管理課の職員です。今日はあなたの住宅のことでお願いに来ました。」

とＡに告げた。

Ａは「何や」と言いながら、Ｋに一歩近づいた。

Ｋは声を励ましながら「あなたの飼われている犬のことでご近所から苦情が来ています。住宅内でペットを飼育することはご遠慮いただいています。早急に是正をお願いします。このことは文書でもお知らせしてあるはずです。」と一気に言った。

Ａは「そんなこと知らん。」と言いながら、Ｋの胸元を突いた。

Ｋは「暴力は止めて下さい。あなたがこのままの状態で住まれるならば、建物にも大きな被害が出ます。改善をお願いします。」と重ねて言った。

Ａは「おまえのものの言い方は気に入らん。」と大声を出しながら、さらにＫの胸元を突いた。このため、Ｋは少しよろめいた。

Ｋは「暴力は止めてください。こちらの話を聞いてください。」と言葉を継いだ。

Ａは「おまえのものの言い方が気に入らんと言うとんじゃ。」と言いながら、いきなりＫの左頬を平手打ちにした。急のことであったので、回りの誰も止めることができなかった。Ｋ自身も咄嗟のことでよけることができなかった。Ｋの左頬は赤くミミズ腫れの状態となった。「暴力は止めてください。」と言いながら、回りの管理課職員が駆け寄って来た。それを見て、Ａは大声を出しながら、立ち去った。

この件については、神戸市から直ちに告発し、Aは翌日逮捕された。結局、Aには公務執行妨害罪により懲役一年（執行猶予三年）の判決があった。暴行事件まで引き起こしたことにより、右記Eと家主としての市との間の信頼関係は完全に破壊されたと判断し、明渡しの請求を行うことになり、以下の経過を辿って明渡しの強制執行が完了した。

〔明渡訴訟の経過〕

一九八七年一一月二〇日　訴えの提起
一九八八年　三月一一日　第一回口頭弁論期日
一九八八年　三月二四日　第二回口頭弁論期日
一九八八年　四月二二日　第三回口頭弁論期日
一九八八年　六月二〇日　第四回口頭弁論期日
一九八八年　七月　八日　判決期日（全部認容判決）

〔執行手続〕

一九八八年一〇月一四日　執行期日（予備執行）
一九八八年一一月一六日　執行期日（断行）

一九八八年一一月一六日に執行が完了し、部屋の占有を回復した。当日被告らは在宅せず、抵抗はなかった。その後も被告側からの反応は無かった。

(ケースの背景と含意)

本件は、非常に特殊なケースであり、いわゆる用法違反で明渡請求と損害賠償の請求が認容された事例であった。このケースに最初に取り組んだ理由は、長年の懸案で住宅管理上の大きな障害になっていたことと、行政指導で対応できる範囲を既に超えてしまっており、何らかの措置が必要とされる事情があったからである。しかし、具体的にどのように問題を解決していくかについての明確な方針はまだ無かった。

解決に向けての方策については、意見が分かれた。慎重論者は「住宅さえ綺麗にすれば、追い出すこともないのではないか。行政マンは訴訟屋ではないのだから、訴訟にこだわる必要はない。現実的対応ということもあるのだ。」と主張した。この主張の背景には相手方も当該住宅に住み続けたいと考えているであろうから、少し強い対応をすれば、市の言い分にも耳を貸して改善に取り組むはずだという考え方があった。

これに対して、積極論者からは「住宅の実情を見れば、明け渡しを求めるしかない。相手方が自主的に是正に応じるのを期待するのは非現実的である。実際に現地へ行って自分の目で確かめれば分かる。」との反論が為された。現地の状況や相手方のこれまでの行動から何らかの強制力を行使しない限り、問題は解決できないという判断がその主張の根底にあった。この時点では解決に向けての見通しはなく、具体的なシナリオは未だ作成されていなかった。

この議論は平行線をたどったが、先にも述べたように何らかの対策を講じる必要に迫られていたため、是正勧告文書を一九八七年九月に発送した。この時点までに既に明渡訴訟を前提とする全体シナリオが立案され、手続的にも「方針決裁」として組織内においてオーソライズされていた。その後、神戸市代理人の弁護士の指示に基づいて相手方の住宅まで是正指導に赴いた際に暴行事件が発生するなど、新たな展開を見せたため、最終的には、主幹は訴訟による明渡しを求めていくことを決断し、訴訟提起に向けて具体的な手続を進めるように指示を出した。

K自身の心の動きを見ていくと、必ずしも始めから積極的に取り組んでいこうとしていたわけではなかった。課内の意思形成の過程で次第に動いていったのが偽りのないところであった。したがって、いちばん始めの段階では、むしろ、回避の指示を出してくれることを期待する気持ちが心の片隅にあったのである。しかし、課内で議論をするうちに、何かをしなければという気持ちが高まり、心が動いたというのが実情に近いようである。これは理詰めで出された結論ではなく、ある種の思い切りであった。結果的には、訴訟による解決は、最も合理的であり、必勝の戦略にかなった論理的な帰結であったと跡付けることができる。

しかし、その時のKの決断は論理的に導かれたものというよりは、むしろ、非常に直観的で感覚的なものであった。そして、Kはその時まさに「跳ぶ」という感覚を経験したのである。つまり、相手方との折衝のうえで、たとえ、危険が生じるとしても、断固解決しなければという思いが強くなり、むしろ、問題解決のためには、少々の危険に身をさらすことも止むを得ないと考えたのである。

事件の展開は、事前に用意されていたシナリオどおりの展開となった。つまり、相手方への是正指導に赴いたとき、予想どおりに相手方から暴行を受けた。（相手方との接触時に何らかの事件が発生することは予想されていた。）そして、直ちに告訴を行い、加害者は逮捕された。この時の主幹の決断は早く、告訴手続などを陣頭指揮で行い、つぎつぎに指示を出していた。また、関係の各方面への根回しも積極的に行っていた。被害者であるKには、不思議なくらい恐怖感はなく、これで決定的に流れが変ると確信を持つに至った。明渡訴訟の提起後、数回に及ぶ口頭弁論を経て、勝訴判決を得、六ヵ月後に明渡しの強制執行を行い、一〇年越しの懸案にやっとピリオドを打つことができたのであった。

＜ケース2＞

市営D住宅一〇〇号棟八〇〇号室の名義人Jに対する不法占拠物件の収去及び住宅明渡請求事件

（事件の概要）

市営D住宅一〇〇号棟八〇〇号室の名義人Jは、当該団地の管理人であることを奇貨として共用敷地内に池を穿ち、また、鳥小屋、竹林を築造するなど、二〇〇平方メートルに余る市営住宅敷地を不法に占拠していた。さらに、供用が廃止された旧集会所も資材置き場として独占使用していた。市からの度重なる指導にもいっさい耳を貸さず、このような状態が少なくとも五年以上続いていた。

住宅管理上、これを放置することは重大な障害となることが懸念されたので、法的措置を取ることを前提にして、指導を強化することにした。この方針に基づいて、一九八八年四月一二日、管理課長名で「不法占拠物件の除却及び現状復旧計画の提出について」を発送した。しかし、相手方はこれに応じることなく、しかも、何の連絡もしてこなかった。

このためI弁護士を神戸市代理人として選任し、七月一五日には「使用許可取消の予告」を、八月一二日には「使用許可取消の通知」をそれぞれ弁護士名で発送した。ところが、Tは、それでもなお是正しようとしなかったので、もはや訴えの提起しかないとの結論に至り、九月二二日神戸地方裁判所に訴えを起こした。

そして、一〇月一四日が第一回の口頭弁論期日に指定された。当日、裁判所に赴いたところ、Jも出頭してきていた。そこで、I弁護士から相手方の意向を確認したところ、「旧集会所の資材はすべて収去したので、本日付けで市に返還する。敷地内の池、鳥小屋等も撤去する。」とのことであった。

このため、和解が成立すると判断したＩ弁護士は相手方と交渉し、以下の内容の和解が裁判官の面前で成立した。

《和解内容》

１　Ｊは旧集会所を市に返還する。
２　Ｊは敷地内の不法占拠物件の所有権を放棄し、市がこれを撤去することに異議を述べない。
３　Ｊは上記の撤去費用を一一月二〇日までに神戸市代理人に支払う。
４　神戸市はＪが市営Ｄ住宅に居住し続けることを認める。

・

《和解履行状況》

１　旧集会所は一〇月二七日に返還された。
２　敷地内の不法占拠物件は一〇月二八日、二九日の両日にわたって市が撤去した。
３　撤去費用は一一月五日に領収した。（領収証はＩ弁護士が発行。）

以上の通り和解の条項はすべてについて履行を受けた。なお、滞納家賃については八月に全額の支払いを受けていた。

〔請求の内容〕

訴状記載の請求の内容は、概ね次のとおりであった。

１　旧集会所の明渡及び敷地内不法占拠物件の収去

2　一〇〇号棟八〇〇号室の明渡
3　旧集会所及び敷地の不法占拠に基づく損害金の請求
4　住宅の滞納家賃及び使用許可取消後の家賃相当損害金の請求

（ケースの背景と含意）

本件はケース1と同一団地の事例であり、当該団地の管理全般にわたって悪影響を与え続けていた。指導係が具体的なケースに取り組むに際して、解決の優先度が最も高く、団地管理上の波及効果も大きな事案として取り上げられた。ケース1とは担当した弁護士も同じであり、ケース2の展開にはケース1の明らかな影響が認められる。両ケースを処理したことにより、当該団地からの苦情は減少し、また、地区担当者からの是正指導（ペット飼育禁止等）もこれまでに無く徹底する等の波及効果が確認できた。

ところで、本件の被告Jは土木建設業を営んでおり、営業用の資機材を団地敷地内に並べ、右記のように敷地等の不法占拠も行っていた。管理課ではJが暴力団関係者であるとの話が代々伝えられ、手を出せない相手であると言われてきた経緯があった。このため、具体的な対策が講じられないまま黙認状態が長年続いていた。何回か管理課から話に行ったこともあるということであったが、正確な交渉録等は残されていなかった。

長年の懸案であるにもかかわらず、解決に向けての方針は明確になっていなかった。このため、指導係では処理方針を立案し、決裁を得て懸案処理に取り組んだ。具体的には弁護士選任の手続を取り、法的措置によって解決を目指すこととなった。上記の過程で相手方からの脅迫や嫌がらせ等の行為は一切無く、管理課で喧伝されていた話に根拠が無かったことをはしなくも立証する結果となった。

〈ケース3〉

近隣からの通報で不正入居が発覚し、占有移転禁止の仮処分の執行後、不正入居者が任意で退去した事例

（事件の概要）

市営L住宅九九九号棟二〇〇号室に別人が入り込んでいるとの匿名の通報があり、調査をしたところ、当該住宅にはNほか三名が居住していることが判明した（一九八八・三・七ごろ）。そこで、N方を訪れ、入居の経緯について聞き取り調査を行った。Nは若い男性だった。奥さんと小さな子供がいるとのことだった。その際、Nは相当の剣幕で「わしは知人から留守番を頼まれているだけや。名義人とは別人が入っている住宅は他にも多くあるのに、自分のところにだけ来るのは納得できない。」と不満をもらした。市からは「市では順番に処理を行っています。もし、入居者が入れ替わっている住宅をご存知でしたら、教えてください。そちらの方へも指導に出向

きます。」と応えた。Nは「そんなことは、おまえらの仕事や。わしの知ったことか。」と大声を出し、その日はそれ以上話を進めることはできなかった。

その後、何回かNと接触するうちに普通に話ができる関係になった。何回目かの接触で住宅明渡の考え方を聞いたところ、一九八八年四月一日には住宅を退去するとの意向をほのめかしたが、その真偽については明らかではなかった。そうこうするうちに、一九八八年三月一八日に名義人Rの母と称する人物が来庁し、住宅の返還届を提出した。ここに至ってNは完全な不適正入居者となり、住宅の占有を早急に回復するため、法的措置を取る必要があるとの判断に立ち、明渡しの請求をしていくことになった。

Nは、四月一日には退去する旨をほのめかしており、その後に第三者が入り込むと、その調査に余分な時間を費やせざるを得なくなり、法的措置の追行に支障をきたすことになるので、当該住宅の占有を固定するため、占有移転禁止の仮処分を申請することにした。一九八八年三月二四日、仮処分の申し立てを行い、同日仮処分の決定を得た。同月二九日、U執行官と仮処分の執行に赴き、N夫妻に仮処分の告知を説明した。その際、Nは四月一日に退去することを明らかにした。市からは退去後速やかにカギを返すようにNに依頼した。四月一日、Nの退去を確認のうえ、市でカギを取り替え、占有を回復した。現実に占有を回復した以上は、敢えて本訴を提起する必要はないものと判断し、本訴の提起は行わなかった。Nや隣人の話では、かなり大がかりな仲介組織があり、Ａという人物が取り仕切っているとのことだった。しかし、残念ながらＡの人物像は、結局特定できなかった。

（ケースの背景と含意）

本件は懸案として塩漬けになっていた事例ではなく、通報によって新たに不適正入居が判明したケースであり、年表で確認できる通り比較的順調に処理プロセスが進んだ。組織内学習の効果を示す事例の一つである。的確なマネジメントが行われている場合、一般的に新規案件を処理する方が懸案を処理するよりも投入するエネルギーは少なくて済む。つまり、懸案は処理が放置されている期間が長いので、前後の事情が分からなくなったり、相手方との関係がこじれたりすることが多いため、解決までに多大の手間をかける必要が出てくるからである。

したがって、問題解決の戦略から言えば、事案の処理に時間をかけることは得策ではない。一人の担当者は問題から逃げることができても、結局は問題の先送りにすぎず、後の担当者が高い付けを支払わされることになってしまう結果となる。逆に言えば、紛争処理に関するマネジメントが機能している限り、解決に多大の時間は必要としないのである。紛争解決マネジメントの巧拙が紛争の早期解決の可否を左右するのであり、紛争解決の手続やプロセスマネジメントに習熟した職員の育成と組織体制の充実が現場の問題処理能力を高める重要な要素となっている。

＜ケース４＞

勝訴判決を得た後、三年余り執行の申し立てをせず、未処理になっていた事例

（事件の概要）

市営K住宅七〇〇号棟九〇〇号室の名義人Sの死亡後、同居していた他の市営住宅の名義人P及びPの配偶者AについてはSとの親族関係は認められず、また、市営住宅の二戸使用に当たるとして不適正な入居者と認定され、一九八三年一一月に住宅明渡訴訟が提起され、一九八四年三月二六日神戸市勝訴の判決があった。これに基づいて強制執行手続がとられたが、一室をSM（Aの兄）が占有していることが判明した。このため、Pに対する債務名義では、SMに対して強制執行を行うことができず、SMを被告とする別訴が引き続いて提起された。

この訴についても、一九八四年九月二七日に神戸市勝訴の判決があった。しかし、その後明確な理由もなく執行の申し立てが為されず、未処理のまま放置されていた。管理台帳上は空き家となり、家賃債権は発生しない状態となっていたにもかかわらず、現実の部屋の占有は回復できていないという状態が続いていた。

事実関係の再調査の結果、右記のような状況が判明した。この状態を放置することは管理上重大な支障をきたすとの判断から、改めて債務名義に基づき執行の申し立てを行うことになった。執行の申し立ての結果、一九八七年一一月六日が執行期日となり、執行に赴いた。執行官の命に

より解錠技術者が施錠を解き（入居者不在のため）、室内に入ったところ、SNという名前を書いた納品書があった。

さらに室内は小ぎれいに改装され、真新しい家具が所狭しと置かれ、新婚世帯の新居というにふさわしい雰囲気であった。総務局法規係の担当者の言によれば、三年前の仮処分の際の室内は、いかにも男やもめの「わび住まい」という風情で様相が一変しているとのことであった。

このため、SM以外の第三者が入り込んでいることが推知されたので、一一月二五日を第二回の執行期日として現実の占有関係を調査することになり、執行官から執行通知文がPとSM宛てに送付された。これを受けてSMの特別代理人である妻のSBから住宅局管理課に電話があり、当該住宅についてはSMの姪のSNが男と同居しているとの情報を得た。（一一月二六日）一一月二五日の執行期日に同様の話を直接SNからも聞いた。

このため、SMに対する債務名義では、SNに対して強制執行できないこととなった。そこで、また別訴をたてるか承継執行文の付与を受けるかの点について疑義が生じたが、結局、SNらは「口頭弁論終結後の第三者」(8)であると認められ、承継執行文の付与を受けることができた。これによりSMを被告とする債務名義でSNに対しても強制執行を行うことが可能となった。この結果、執行の申し立てを行ったところ、一九八八年四月八日が予備執行の期日として指定され、動産の差し押さえを行った。その後、相手方が任意退去の意向を示したので、神戸市代理人のN

弁護士が折衝に当たり、結局、四月二八日に相手側は任意退去し、市が占有を回復した。

（ケースの背景と含意）

本件は、債務名義を取得しておきながら執行の申し立てを行わず、未処理のまま放置されていた事例であり、担当者が意図的にサボタージュを図った場合、極めてチェックが難しいことを如実に示す実例である。事案の進行管理の重要性と組織としての対応の必要性を読み取ることができる。

ところで、被告側は独自の見解に基づいて、自らの入居の正当性を強く主張し、管理課にも何回も来て強談判に及んだようである。担当者は相手方との接触を忌避するあまり、執行の申し立てをせずに処理を中断していたのが実状であった。このため、管理台帳上は空家扱いになっていたにも拘わらず、現実には被告側の占有状態が続いていたのである。第一線職員のこの種の逸脱行動のチェックは容易ではない。担当者は三年以内の短期で異動するため、正確な引き継ぎを意図的に行わなければ、事件の存在そのものが組織の記憶の中から消えてしまう。さらに弁護士や総務局法規係も多数のケースを抱えているため、どうしてもチェックが甘くなってしまうのである。担当者が相手方とのトラブルや接触を忌避するあまり、手続の遅延を図るという逸脱行動に出ることは、しばしば観察されるところである。特に任期が事実上決まっているような場合は、具体的な処理を避けて時間切れに持ち込もうとする担当者がいることも事実である。このような事態を招くことのないように厳格な事務手続やチェック体制を取る等の紛争解決プロセスのマネジメントが強く求められる。後任の担当者に負担がかかるような問題の先送りを繰り返していたのでは、問題解決に向けての組織的対応はできないのは当然であろう。

〈ケース5〉

名義人が他に住宅を取得し、市営住宅を転貸していた事例

（事件の概要）

市営A団地五〇〇号棟三〇〇号室については、一九八五年の調査により不適正入居が明らかとなり、同年九月三〇日、名義人Rと面談し、是正を指導したが、Rは「この住宅は自分が火事で燃えた家の代わりにもらったものだ。その後、どうしようと勝手だ。」と入居当時の経緯（火災特定入居）を主張して応じようとしなかった。

その後、市営A団地の不適正使用の是正に取り組むこととなり、本件についても再度調査することとなった。一九八八年六月二七日、名義人Rの住民登録地であるH区D通へ行ってみたところ、Rの表札がかけてあり、生活の本拠を移していることをうかがい知ることができた。（不動産登記上もR所有の物件であることを確認した。）

一九八八年七月五日にA団地に赴き、居住者の女性と面談した。その結果、当該住宅には、Y

と二人の息子が不法に居住していることが判明した。同日、名義人Rから電話があり、「当該住宅は移転補償の一部としてもらったもので、どのようにしようと勝手だ。」との主張を繰り返し、是正には応じようとしなかった。このため、法的措置をとるしか方法はないとの結論となり、一九八八年八月、訴を提起した。その後、同年九月一四日、Rの事実上の代理人Zから電話があった。電話の趣旨は以上の通りであった。

「当該住宅は、火災で住むところが無くなったため、市のあっせんで入居したいきさつがある。しかし、今、Rのしていることは市営住宅のルールに違反していることは明らかであるから、現在の入居者を退去させて、市に返還させたいと思っている。ただ、次の行き先を探すまで二ヵ月ほど待って欲しい。」

これに対して、管理課からは「とにかく一〇月三日の第一回公判期日に裁判所まで来てほしい。」旨答えた。一〇月三日の公判廷にR、Z、Yの三名が出席していた。神戸市代理人のI弁護士とZとの間で（公判が始まるまでの間）次のようなやりとりがあった。

「管理課のKさんに電話したのですが、Yを退去させてRには住宅を返させますから、何とか年内待ってもらえませんか。」

「年内に部屋を返してもらえるということですか。」

「そうです。」

「それでは、一応、判決をもらって、執行の申し立てを待つということでどうでしょう。」

「判決には、退去の期限が入るのでは無いのですか。」

「いいえ、期限は入りません。」

「それでは、そういうことでお願いします。」

「それじゃ、年内は執行の申し立てを見合わせて事実上待たせてもらいますが、年を越えて履行のない場合は、直ちに執行の申し立てをさせてもらいます。」

「はい、分かりました。神戸市にこれ以上ご迷惑をかけることはいたしません。」

この結果、Rの側は市の主張をいっさい争わず、一回で結審し、一一月二八日には神戸市勝訴の判決が言い渡された。そして、一二月一日、R、Zの両氏が来庁し、部屋のカギを返還し、残置物処理の同意書を市に提出した。即日、当該住宅へ残置家財を調査するために赴いたところ、カギが合わず部屋を開けることができなかった。このため、Zに連絡を取り、カギが違っていたこと、部屋の中を調べるためカギを取り替える旨を伝え、その了解を得た。

再度、現地へ赴き部屋を調べたところ、ベッド、サイドボード、タキシード（二着）が残されていた。そこで、Rに残置物件があること、カギを取り替えたことを連絡し、残置物の引き取りについてYに連絡をしてくれるよう依頼した。

翌一二月二日、Yが来庁し、カギが変わっているので、驚いたことと荷物を出すから部屋を明けてもらいたい旨、申し出てきた。そこでカギを取り替えた事情を説明し、現地へ赴き、荷物の搬出に立ち会い、残置物が完全に搬出されたことを確認し、占有を回復した。

（ケースの背景と含意）

本件は、違法な転貸借の事例である。管理課の調査により、転貸の事実が判明した。管理課では是正の指導にあたったが、被告側は入居時の事情（火災特定入居）に基づき転貸の正当性を強く主張し、管理課の是正指導に全く耳を貸そうとしていなかった経緯があった。同一団地のケース6とともに重点取り組み事案の一つとして是正措置に着手されることになった。訴訟の提起後は比較的順調に解決に向かっていった。指導による問題解決の限界と法的措置の有効性を示す事例となっている。

公営住宅管理者からの指導は、あくまでも指導にすぎず、強制力を伴う措置を取ることはできない。入居者側は、自らの見解を前面に押し立てて、公営住宅管理者に実質的に対抗できる。このような段階に至った入居者との紛争は、法的紛争として民事訴訟の手続に乗せない限り、解決は困難であることが分かる。

〈ケース6〉

市営A団地六〇〇号棟一〇〇〇号室、滞納訴訟で勝訴判決を得、執行に赴いたところ、名義人以外の第三者が入居していることが判明したため、不法占有者を相手取って別訴を起こし、執行した事例

（事件の概要）

Aが家賃を滞納したため、訴えを起こし、一九八七年六月三〇日に勝訴判決を得た。その後、相手方との折衝の中で、Aは既に退去しており、内縁の妻と称する女性が居住していることが判ったため、家賃全額を支払えば、和解に応じるとの方針で話を進めたが、結局、支払はなかった。

このため、執行の運びとなったが、内縁の妻を自称していたNがAとの関係を否定したため、執行は不能となった。その後の調査で当該住宅は、Nとその内縁の夫Wの占有下にあることが判明した。このため、NとWを相手取って別訴を提起したが、この過程でHも住宅の一部を占有していることが明らかとなり、Hに対する訴えも追加した。

これらの訴訟はいずれも神戸市勝訴で確定した。この後、直ちに執行の申し立てを行い、一九八九年一月二〇日に動産の差し押さえに赴いた。当日、室内にはWの従業員Mが若い女性（名前不詳）とともに居合わせたが、事情は何も分かっていない様子であった。N執行官がMに来意を告げ、差し押さえは滞り無く終了した。その後、同年二月一三日が断行の期日と決定され、期日

に現地に赴いたところWが男一名を伴って待ちかまえていた。

当日の概要は以下の通りであった。

〔強制執行の概要〕

A団地六〇〇号棟一〇〇〇号室へ赴いたところ、Wと男一人が待っていた。Wは、「強制執行とはどういうことや。何も聞いとらへんぞ。前にも言うたけど、出て行くときは出ていく言うとるんや。出て行かしたいと思うんなら前もって話に来んかい。それに人が入れ替わってんのワシとこだけと違うやろ。ほかもようけあるやないか。ほかも全部追い出したら、話聞いたろやないか。うだうだ抜かしよったら、街宣車でいてもたるぞ。」とお定まりの脅しをかけてきた。これに対して、市からは「所定の適正手続きに基づいている。裁判所の行う強制執行である。話があるなら、裁判所に言ってくれ。」と受け流した。

しばらくして、N執行官が現場に到着したので、一同、室内に入った。WはN執行官に向かって「強制執行とはどういうことや。何も知らんぞ。昨日、いきなり来やがって出て行けとはどういうことや。ここの荷物はワシのものや無い。この男の物や。持ち出す時間もなかったら、ワシがつっこまれるやないか。」とたたみかけた。

これに対して、N執行官は毅然とした態度で「九月に判決が出ており、郵便で通知しているはずだ。知らなかったでは通らない。日本は法治国家であり、何人であれ、法律に従わなければならない。今日、私は絶対に荷物を出しますよ。」と応答した。

WとN執行官とのやりとりは概ね次のとおりであった。

「そんなこと言うたって、ワシは何も聞いとらんぞ。それにこの冷蔵庫はワシのものやない。」

「前回の執行に訪れた時、Wさん、あんたの従業員Mがいたので、彼に趣旨は伝えておいた。従業員に伝えたということはお宅に伝えたのと同じことだ。荷物の所有者が違うと言うなら、第三者異議の訴えを起こせばいいだろう。」

「第三者なんたら言うて、そんな法律を知ってる訳がないやろ。馬鹿にしとるんか。」

「私は強制執行のためにここに来た。知らなかったということは通用しない。」

「何もここに居座るというてるんやない。冷蔵庫はワシの物やないから、それを持ち出す時間をくれというとるんや。」

「待てといっても、いつまでも待てるわけではないが、あんたがそこまで言うなら、一週間待っても良い。」

「せめて、月末まで待ってくれへんか。」

「月末、二八日は先約が入っている。二七日だ。神戸市さんそれでよろしいか。」

「市としては、できるだけ早く明渡をお願いしたいが、まあ、結構です。」

「それでは、Wさん、そこまで言うのであれば、あんたの顔を立てて二月二七日一〇時に執行の日を入れます。冷蔵庫以外の物は今日、全部搬出するので、そのつもりで。」

「Nさんも面子があるわな。他のものは全部出してもろたらええわ。」

以上のようなやりとりの後、家財の搬出にかかった。一一時過ぎに作業は終了した。N執行官はWが二月二七日までに任意で退去することを誓約した旨、調書に記載の上、読み聞かせ、Wに署名させた。

なお、六畳和室にはこれ見よがしに出刃包丁が突き立てられており、N執行官を畏怖させようとした節が見受けられた。しかし、N執行官は全く動じる気配は見せなかった。

二月二七日に至って現地に赴いたところ、Wが室内で待っていた。Wは「約束は守る。」と言いながら、残置家財の搬出を執行官に依頼した。搬出作業は約一時間で終了し、執行は滞りなく終了した。


(ケースの概要と含意)

本件は滞納訴訟から不適正入居訴訟に移管された事例である。滞納訴訟班が提起した訴訟に関して勝訴判決が確定した後、執行申し立てを指導係が行うことになり、ケースが移管された。従来、滞納訴訟の過程で入居者が入れ替わっていた場合、不適正入居訴訟担当のラインが明確になっていなかったため、ケースの移送は行われていなかった。指導係が発足したことを受けて、ケースが指導係に移送された。滞納訴訟と不適正入居訴訟との効果的な連携が組織の改変によって可能となった。

滞納訴訟では、訴状、準備書面等も定型的で大量の処理が可能であるが、入居者が入れ替わっているような場合、以後の手続の進行は困難となる。このため、指導係という不適正入居訴訟専従の組織が発足して始めて、きめの細かい対応が可能となったと言える。紛争処理プロセスのマネジメントにおいて、経験の蓄積と学習が重要であることは論を俟たないが、経験と学習を実際に行う主体としての職員の配置と組織の整備の必要性をこのケースから読み取ることができる。

(6)　小　括

①　逸脱行動の発生と組織内の社会化

本章で取り上げたケースを「組織内における逸脱行動と社会化」に関する事例として読むこともできる。これまで取り組んだことの無い仕事や高リスクの仕事については、通常避ける方向で人々は行動しがちである。この行動自体はリスクを避けて安全を確保したいという人間の本性に根差す極めて自然な反応と言える。

しかし、敢えてリスクを侵して行動する必要が生じる場合も有る。特に激変する環境への対応を余儀なくされている現代地方自治体の現場業務においては、そのようなケースは増加の一途を辿ってきている。そして、そのような状況の下では職員個人の安全確保願望は組織目的からの逸脱行動につながる可能性が非常に大きくなる。トラブルが予想され、大きなストレスのかかる仕事には係わりたくないという思いが強くなると、様々な逸脱行動が生じてくる。管理課に異動してきたＫが始めの一年間はレポート作成とルーティンの管理業務に専念し、本来の使命を果たそうとしていなかったことは、まさに逸脱行動発生のメカニズムを示す格好の実例である。

管理課の不適正入居ラインには逸脱行動が明確に認められた。特に担当業務そのものも本来の不適正入居対策ではなく、住宅の募集業務や住宅の小修繕対応等の日常管理業務に変質していた。一般的に地方自治体には「問題回避行動」につながりやすい組織文化が有る。特に多大のエネルギーを要し、具体的な危険に遭遇する可能性の極めて高い事務を担当せざるを得なくなった場合の職員の一番自然な反応は問題からの回避であろう。そして、本来の使命から離れて代替え的な業務を見つけ出し、そちらへ逃避する逸脱行動が現われてくる。

組織の中では、逸脱行動を正当化するためのストーリーが次々と語られるようになり、ストーリーをもっともらしく見せかけるため、様々な事件が再構成され、ストーリーは一層真実らしさの外皮を纏うようになる。（コートル、一九九七）そして、ストーリーは一種の神話として組織の中に語り伝えられ、メンバーの意識に有形無形の影響を与え出すのである。Ｋが異動した直後の管理課不適正入居担当ラインは、まさにこのような状況を具現化していたと言える。不適正入居の是正作業には手がつけられない、あるいは手をつけるべきではないという意識がメンバーの間に広く行き渡っていた。

そこには一種の社会化の力が働いていたと言える。代々極めて不正確で不安を煽るような話が伝えられ、新たな転入者はその話を聞くたびにストレスをつのらせていった。結果として、前任者同様に新規転入職員は問題に向き合うよりは問題を先送りし、ひたすら任期明けを待つという逸脱行動に向かっていったのである。

第一部第三章でも触れている通り小さな凝集力の高い集団において、Groupthink（集団浅慮）の弊害が生じ易いことは良く知られている。（Janis，一九八二）小集団内においては逸脱行動は規範からの逸脱ではなく、むしろ、合理的な判断の結果として意識される。そして、外部とのコミュニケーションが少なければ少ないほど、Groupthinkは強固にメンバーの意識に入り込んでいく。

本エスノグラフィーから、Groupthinkが集団の逸脱行動を正当化し、強固にしていった様子を容易に読み取ることができる。逆に指導係が発足してから、担当者Mをはじめ新しいメンバーを加えることによって、従来の考え方を破って問題解決プロセスが具体的に動き出したことを想起すれば、このことは自ずから明らかである。Mは、「家に帰って妻に仕事のことを話すと、何時も『そんなおかしなことしてるの。そんなん絶対におかしい』と言われる。」とよく話していた。これは外部の常識の光に照らされることによって、組織内における逸脱行動の本来的な姿が顕となることを示す象徴的な会話であると言えよう。

②　手続的知識の整理と伝播

次に問題解決に必要となる知識と組織内の学習プロセスに目を転じることにしたい。指導係では、ケース１への取り組みを契機として、順次、懸案事項の整理にかかり、一年余りの間に全部で三〇数件の処理が完了した。この過程で担当者は実に多くのことを学んだ。判例集等の二次情報からは絶対に得られない貴重なノウハウを手にすることができたのである。情報の中には、自分で直接経験しないかぎり言語化して伝えることのできないものがあると言われているが、担当者達が手にした情報もまさにその種のものであったのである。

このような実践を通して管理課の担当者達は具体的なノウハウを身に付けていった。訴訟及び強制執行の手続、さらには具体的な事例に関する情報は整理され、不完全ながらも事務の手引書として結実した。抽象的に不適正入居を論じていた時とは、その知識・経験のレベルは全く異なっており、実際に事例に取り組むことが最も効率的な学習方法であることを示す結果となった。ここで担当者が獲得した知識は「手続的知識」(9)と言われる「何をどうすればよいか」ということに関する知識であり行動の規則である。併せて、正確な文書記録が組織内における知識経験の伝播に大きな役割を果たすことも示されている。

一九八六年当時の管理課では、滞納訴訟班は別として民刑事に関する訴訟関連の知識はほとんど蓄積されていなかった。滞納訴訟班は滞納訴訟に特化していたため、不適正入居の是正に取り組むラインには、その知識経験が効果的に伝えられていなかった。特に不適正入居是正担当の組織文化が「問題の先送り」を特徴としていたため、滞納訴訟の経験を活かそうという動きも希薄であったと推測される。

指導係発足後、具体的な事例に取り組むことによって指導係内の知識レベルは飛躍的に向上した。特に注目すべき点は、これらの知識が判例解説書等の二次情報を拠り所として学習された結果ではなく、当事者として問題と直面する中で獲得した知識であったと言うことである。したがって、極めて具体的にプログラム化された形態をとっている。

当時作成された事務の手引きのうち、ケース1に関連する部分を少し長くなるが、次の通り引用する。そこからは具体的な紛争への対処法に関する知識レベルが格段に改善された様子を読み取ることができる。

> 公営住宅入居者の用法違反の是正勧告と立入検査に赴いた職員が入居者から殴打された事例
> （指導係事務手引きより）

（事実）

市営D住宅三号棟五〇〇号室のM方へ管理課職員が住宅使用の用法違反の是正勧告と立入検査に訪れた際、Mの長男Aから胸を突き飛ばされたうえ、顔面を殴打される暴行を受けた。M方は一〇年来多数の犬を常軌を逸した方法で飼育し、近隣から悪臭、鳴声等の苦情が絶えず、ついには回りの四戸の住宅を空き家にせざるを得なくなった経緯がある。

管理課としては、①住宅管理上、回りの部屋を空き家のまま長期間放置できないこと②上記Mの部屋の使い方は、既に迷惑行為の域を超え、用法違反を理由とする契約の解除も可能であること③上記Mの所為を放置することは、住宅管理の業務全般に悪影響を及ぼすこと等の理由から具体的な是正措置に着手することになり、文書による勧告を訪問に先だって行っていた。Aの態度は全く一方的であり、市側の言い分を聞こうとせず、職員を畏怖させるような暴言を発しながら、唐突に上記の暴行に及んだ。

（告発）

即日、警察署に被害届を出し、口頭で告訴を行ったが、告発も行うこととし、住宅局長名で告発状を所轄の警察署長に宛てて提出した。被害届の際に診断書、事務分掌表等必要書類を既に提出していたので、告発状に添付する書類はなかった。

この事例では、刑法第九五条及び刑法第二〇四条違反の廉で告発したが、告発状に適用罰条を示す必要は必ずしも無い。告発者、被告発者、告発事実、告発の意思表示は最低限必要であろう。

（警察等での手続き）

この事例では、事件発生当日に被害届を行った際に調書を取られた。この調書は担当に詳細なもので、作成に約四時間を要した。

＜告訴調書＞

内容は当日の訪問の趣旨、目的、上司の命令の有無、職員の職務権限、事件の経過、被害当時の状況等についてであり、司法警察員の面前で録取された。調書の内容は非常に詳細で細部に至るまで確認を求められた。

＜検事調書＞

さらに、後日、神戸地検の検事から呼び出しがあり、警察の調書に基づいて検事の聞き取りがあった。この時の所要時間は約一時間半であった。これらの調書は重要なものであり、その内容に齟齬が生じては具合が悪いので、被害状況については時間的な経過、場所、職員、相手方の現場の状況等を良く整理して思い出すようにしなければならなかった。

・検事調書作成の実際

検事が警察の調書にもとづいて事実の確認を行い、供述者の供述を整理し、口述したものを事務官が筆記する。作成した調書は最後に事務官が読み上げて、供述者に確認したうえ、供述者が署名・押印した。

【公務執行妨害罪の成立について】

通常、職員が暴行を受けた場合、常識的には刑法第九五条（公務執行妨害の罪）に問擬することが考えられるが、常に公務執行妨害罪が成立するわけではない事に注意すべきである。本罪は公務員に対して暴行・脅迫を行うことによって公務を妨害する行為を内容としている。しかし、公務のすべてが対象となるわけではなく、最近では本罪の職務を国の権力的作用に限定しようとする学説が有力になりつつあるのが注目される。そこでは、暴力手段による妨害からとくに手厚く保護されるに値する公務は、「国民一般に対し法律に基づき権利を制限し義務を課する権力作用」に限定され、それ以外の公務はむしろ業務妨害罪の保護の対象に移されるのである。」（中山研一、刑法各論、五〇三頁）

したがって、上のような見解に立てば、住宅管理にかかわる入居者との交渉などは本罪の対象とならない場合が十分に考えられる。この事例では、職員が市章入りの作業服を着用していたこと、条例に基づく立入検査証を携帯していたこと、条例の基づいて是正勧告と立入検査に赴いたことが明らかなこと、等から一応は公務執行妨害罪に当たるとしてAは起訴された。

したがって、地元へ交渉に行く際は、こういった点にも十分配意して準備を進める必要があると思われる。なお、告発に際しては、公務であることの立証が一つのポイントになるが、条例等職務権限行使の根拠規定の有無が本罪成立の成否を占うカギとなろう。

［逮捕の種類］

憲法第三三条は「何人も現行犯として逮捕される場合を除いては、権限を有する司法官憲が発し、且つ理由となっている犯罪を明示する令状によらなければ逮捕されない。」と定めているが、これは、現行犯の場合以外は、正当な手続きを経ることなしに身体の自由が奪われることがないことを保障したものである。

このため、暴行事件が発生しても、現行犯、緊急逮捕の場合以外は捜査機関は令状請求を行い、裁判官から逮捕状を発給されない限り、犯人を逮捕できないことになっている。したがって、現に暴行事件が発生し、急を要する場合は、一一〇番通報を行い、現行犯として逮捕してもらうほうが望ましい。なお、現行犯については何人も逮捕できることになっており、現実には困難であろうが、市職員でも逮捕できる。（刑事訴訟法第二一三条）

［捜査機関］

法律上、捜査をなす権限を与えられたものを捜査機関といい、具体的には司法警察職員、検察官、検察事務官がこれに当たる。

これらの知識は、具体的な事件に即して関連の文献を通して、さらには弁護士、法規係担当者等との情報交換を通して整理され、蓄積されていった。抽象的、概括的に問題が考えられていた時と異なり、すべての情報が容易に理解できるようになった。具体的な紛争解決プロセスに係わることの教育上の効果を改めて示す結果となっている。

ところで、案外、見落とされることが多いが、現場においてこの種の知識が整理され、組織の中に蓄積される仕組みは確立されていないことが多い。事例に関する正確な記録も無く、具体的な処理手順に関する知識も乏しい環境の中で、問題解決プログラムを作成し、実行することは難しい。誰がいつ、どのようにして行動すべきか、何をしてはいけないのかという具体的な経験や知識が無ければ、実際には動けないものである。

したがって、現場の問題解決能力を高める第一歩は正確な事例情報の把握から始まる。電話の受け方や相手方との交渉の仕方、発送する文書の内容、文書発送のタイミング等、細部に至るまで正確な情報を得るための工夫が尽くされなければならない。訴訟提起を前提として行動するためのプログラムを組み立てるにあっては、そのような細部に対する気配りが大きな意味を持ってくる。したがって、組織内においてこの種のスキルに磨きをかけるために実際的な知識・経験の蓄積とそれを組織内に伝播させる工夫が不可欠となってくるのである。

③　プログラム作成の重要性

先にも触れたように問題解決のプロセスを進めるにあたっては、ある種のシナリオ（プログラム）を書き上げる必要のあることが明らかとなった。演者、舞台、時間、小道具等の要素を的確に盛り込んだシナリオが無いと場面は展開していかない。法律や条例の定めを具体的に執行して行く際にも、明確に意識するか、しないかは別にして、多くのアクターの行動をあらかじめ定めたシナリオが存在しているのである。

レストランで食事を取ったり、病院で受診するという日常の行動を考えてみても、我々は容易に行動の流れを頭の中で思い描くことができる。これは我々の頭の中で行動の流れに関する一種のスキーマが形作られているからである。（鈴木宏昭他、一九八九）思い描かれた行動の流れをシナリオと呼ぶかどうかは格別、このような共通の行動に対する基本的な理解があればこそ、相互の理解が容易に進むのである。

特に新たに問題に取り組む時は、一層、プログラムの重要性が増してくる。多くの関係者を動かすためには、明確なプログラムが無ければならない。少なくとも、Ｋを始めとする管理課職員は明確にプログラムの存在を意識していた。演者の役割を決め、舞台配置、台詞、行動をあらかじめ思い描くことで、共通認識を確認していった。このプロセスが無ければ、具体的な行動に移ることは難しかったに違いない。

④　組織内学習の成果の定着とシステムづくり

一方、組織化・体制化という面からは必ずしも満足のいく結果とはならなかった。もちろん管理課の担当職員が得た情報なり、ノウハウは懸案解決に役立ったことは事実であるし、また、他の係からの相談にも応じていたので、それなりに頼りにはされていたが、他の係の者はともすれば他人事のような態度で自分自身の問題として取り組んでいこうという気分は希薄であった。

したがって、熱意を示して一緒にやっていこうとする者も出てきたが、管理課全体の文化を変えるところまではいかなかった。相変わらず異動の日を心待ちにしている職員の方が多かった。すべての職員が跳んだわけではないのである。問題解決に取り組む戦略そのものが不明確なままであり、事案の解決は単発的なものに止まり、組織的な対応からは程遠いものであった。正直なところ、K自身も組織的に大々的にとりくんでいけるかどうか不安を感じていた。誰でも嫌がるこの種の仕事は、明確な実施マニュアルを定め、規格化、文書化が必須の条件である。また、インフォーマルな集団内部の考え方をも変えていく以外に前に進めることは難しいが、それ以上に全体的な戦略を立てて組織全体の意思統一を図らなければ、組織は本格的に動いていかないものである。

本ケースで取り上げた管理課指導係が発足してから既に一〇年以上が経過した。この一〇数年の間に指導係事務の体制化・システム化が進んだ。各種の様式が定められ、手続的な整理も進み、業務のルーティン化が顕著となってきている。組織のライフサイクルから言えば、安定期の段階に到達している。立ち上げ期の試行錯誤の段階から制度の安定した運用に関心が向けられる段階に移行し、事務の平準化が進んでいると言えよう。指導係のこの一〇数年の歩みは、第一線職員に多大のストレスを強いるような事務については、文書主義、明確な意思決定基準の存在、情実の排除等、むしろ古典的な官僚制モデルに適合する組織形態が相応しいことを例証している。

四　解　釈

次に、なぜ逸脱行動が発生するのか、また、逸脱行動をコントロールする方策は何かという観点から本ケースの解釈を試みたい。

(1)　リスクテイキングの困難性

先に述べた通り困難な仕事に直面したとき、職員の間にある種の逸脱行動が発生することが多い。問題に正面から向き合わず、問題を先送りにして本来の仕事を回避しようとする。なぜ、このような行動が生じやすいのだろうか。

原因として考えられることはリスクテイキングの困難性である。大過無く過ごすことを金科玉条とする従来型地方公務員の組織文化の中からリスクテイキングの発想は出て来ない。リスクを背負ってなにかをしようとするときは、かならず決断が先行する。そして、決断の基礎となるのは意思である。

一歩踏みだす意思の無いときは、その結論にあった条件しか見えてこないものである。あらゆることは可能性として存在するが、それを具体化するためには、どんなに辛くとも決断をしなければならない。

最初の一歩を踏みださないかぎり、出発点に立ち尽くしたままに終わるのである。総論で抽象的なことを論じることはいくらでもできる。抽象的な可能性の世界に止まるかぎり何の痛みも感じることもなく危険もないが、ただ、それだけのことである。危険を背負って具体的な各論の世界に入ってこそ、舞台は回り始めるのである。役所の答申の類が少しもおもしろくないのは、まさに総論の世界に止まっているからである。

人間の判断過程は、単なるコンピュータのプログラムのようなものではない。この過程では、情報が入力され、また、出力されるに止まらず、新たな情報が付け加えられ、新しい展開を示すのである。そして、ここで決定的な役割をはたすのが決断のモメントである。意思の力に裏打ちされた決断こそ、組織内のすべてのドラマの始まりを告げる振鈴なのである。開演のベルが鳴らないかぎり、いつまで経っても幕は開かず、俳優たちは虚しく舞台にとり残されたままとなる。

マネージャーは演出家として俳優たちに役割を与え、彼らを意味的連関の世界に投入する。組織内の資源や諸力を一定の方向に動機づけ、組織としての持てる力のすべてを出せるように仕向けるのがマネージャーの重要な役割である。（ここで私が念頭に置いているのは、ミドルのマネージャーである。）

力のベクトルを合成すれば、新しい力を生み出すことができるが、ベクトルの方向が一致していないときは、相互に干渉しあって、却ってマイナスの方向に作用することもある。組織内の諸力を集めて、一定の方向付けを行うためには、シナリオ（全体的な戦略）が必要であることは言うまでもないが、それ以上に重要なのが決断である。事例のところで紹介したように、当時、Kを含む管理課のメンバーは、一歩前へ出るという決断をするまでは何もしないで済ませるための理屈を考え、それを補強できるような材料ばかりを探していたように見える。

そして、K達が困難をありのままに受け入れていくという決断をした時に、すべてのドラマが始まっていった。この決断という過程は、あくまでも内心の出来事であり、外からはうかがい知ることができないため、客観的、理論的に説明することは難しいが、間違いなくそこには何かがある。およそ、情報には言語によって伝達が可能なものとそうでないものとがある。決断の過程は、まさに言語によって伝達が非常に困難なものの一つであるように思う。組織内での決断の過程についても自ら苦況に立たされて、実際に経験してみないことには解らない部分が多い。多くの人が言っていることだが、本件の場合も文書や記録等の二次情報をどれほど多く読んでも具体的な知識やノウハウにつながらなかった。仕事は、全人格的に関与して初めて何かをつかむことができる性質のものである。言語化された情報は、仕事の全体から言えばごく一部分でしかない。言語化された情報の背後には、実際に身をもって体験して始めて解る世界が広がっているのである。

(2)　知識の客観化の方法

人の経験の中には言葉で表すことのできない種類の知恵が含まれていると述べたが、このことは個人の体験を言葉で表すことが無意味であるということではない。自らの体験したことを正確に記述し、概念化することには意味がある。組織の他の構成員が追体験をする際に無駄な試行錯誤を省くことができるし、特殊、個別的な体験をできるだけ客観的、普遍的な用語で記述していく作業は記述者の「判断の尺度」の厚みを増すことになる。「個人的な知識の組織的な共有知識への転換である。知識の客観化である。個人の経験のマニュアル化や概念化、格言化、規則化などは、個人的な知識の組織的な知識への客観化の最も基本的な方法である。人々が暗黙のうちに共有しているイメージを言語あるいは図式として表現するという行為も個人的な知識の組織的な知識への転換である。」（伊丹＝加護野、一九八九、四〇九頁）

このような経過を辿って個人的経験が組織的に共有されていく。ただ、注意すべき点はこれらの知識は単に概念的な理解だけでは機能しないということである。これら共有された知識は、事例研究の中で強調したように全人格的に受け止めようという姿勢がなければ、単なる文書化された知識に終わってしまうのであり、身をもって同様の経験をすることによって知識は実在化し、力となるのである。

難問の引き受け手としてのマネージャー（Mintzberg, 一九七三）は、苦況に立たされ、決断を迫られることも当然多い。その時に助けとなるのは経験の豊富さと多様性である。集団の常識の虜になっているときは、「判断の尺度」は硬直的で環境とは大きく乖離したものとなり、決断ができないか、あるいは、誤った決断を招くことになる。多くの経験（どちらかと言えば苦しいものの方が良い。）を積み、組織の内外に豊富な人的ネットワークを有することが「判断の尺度」のフレキシビリティを高め、的確な決断を行う際の支えともなるのである。

(3)　官僚制のパラドックス

地方公共団体は、その非能率とサービスの悪さ、職員の無気力等を指して、悪しき官僚制の見本のように言われることが多いが、こうした世上揶揄されることの多い官僚制はウエーバーの言う官僚制とは似て非なるものである。グールドナーは次のように述べている。「ウエーバーの見解が、官僚制を官庁の非能率と同義に見る世間一般の偏見とは、非常に違ったものであることは明白である。ウエーバーにとって、官僚制とは近代社会に特徴的でいたるところに存在する管理形態なのであって、それはけっして官庁に限られるものではなかった。さらに官僚制は最も能率的な組織形態であり、頼りにならぬ素人を資格のある専門家で取り替えながら、歴史的に発展してきたものであったのである。」（A・グールドナー、一九六三、七頁）また、C・W・ミルズ（一九七一）は次のように述べている。「官僚制ということばは通俗的には無駄や非能率を意味するとされるが、実は反対に厳密な意味での官僚制化が完全に行なわれていない時こそ、無駄や非能率が現われるのである。……具体的に言えば、各単位部門の業務範囲の区分が定まっており、それに応じた専門的資格をそなえたスタッフがそこに働いており、これらの部門が全体として一つの組織的な階層構造をなしている場合に、それを官僚制的組織というべきである。このように定義するならば、官僚制とは実は考えうるかぎりでもっとも能率的な社会組織のタイプであるといえる。」（六六頁）

M・アルブロー（一九七九）がコンパクトに整理しているように官僚制については、通俗的な理解からウエーバーの理念型にいたるまで、極めて多くの定義があり、どのような意味で官僚制という言葉を使っているかを明確にしておかないと、混乱を生じることになる。本書では官僚制という言葉を用いる場合、それはあくまでもウエーバーやミルズのいう最も能率的な社会組織のタイプとしての官僚制を意識していることを断っておかなければならない。

ところで、最近、縦割り組織の弊害、対応の遅れ等、官僚制の逆機能についての議論が目立つが、官僚制の逆機能とは官僚制組織によって招来される様々のマイナスの面であり、ブラウ（一九七一）は、R・K・マートンの研究に言及したうえ、次のように述べている。「……官僚制の特徴についての議論をマイナスの作用なるものでてらして再検討すると、そこには矛盾と相克の傾向が明らかになる。もしも、よそよそしい冷徹さというものが組織成員がほかのものにたいしてとる態度の特徴をなすものとするならば、かれらのあいだに高度の団体精神が発達するものとはおもわれない。また、規律をつくるための権威のきびしい行使は、上役にたかく買われたがる部下をしていきおい仕事上の欠陥を上役からかくさせるようになり、このことは、ヒエラルヒーにおける情報の上への流れをとどこおらせるから効果的な運営がさまたげられる。……これらの例は、ある点では能率をあげる要因が、ほかの点ではしばしば能率をおびやかすことをよくしめしている。」（二七頁）

ことに、規則を尊重するあまり、人間的な配慮を忘れたり、繁文縟礼という言葉に現されるような煩瑣な手続きを経ることで責任の所在が不明確になったり、決定が遅れたりする官僚制のマイナスの現象面を捉えて、官僚制が議論されることが比較的多い。しかし、地方自治体現場において、現実には逆機能よりも文書主義や規格化、専門化という官僚制本来の合理的側面を徹底して追求していないために起きてくる問題のほうが、はるかに多いように思われる。「大きな組織でのんびりとやりたい」というのは、本来の官僚制が追求しようとした価値とは無縁のものである。

官僚制の最大の目的は、情報の共有と迅速な意思形成及び組織の一体性の確保にあるように思われる。組織として、統一的、一体的な活動をするためには、情報の共有が前提であり、個人の知識経験を共通のものとするため、情報の客観化が図られることになる。規則にもとづいて業務を行なうことや文書主義などは情報の客観化を図るうえで大きな役割を果たすことになるのである。ことに規則やマニュアルは情報を客観化するための手順を明確にするためには不可欠である。例えば、一瞬の判断の誤りが生死を分けることになることの多い軍事組織や警察組織などでは、その業務についての詳細で具体的なマニュアルを有しているものである。また、サービス業などでは事細かなマニュアルが定められているのが通例である。

ところが、一般の行政組織では、（少なくとも神戸市では）実務上の具体的マニュアルはあまり整備されていないのが実情であった。定形業務については、曲がりなりにもマニュアルに類したものはあるが、非定形の業務に関してはまったくマニュアルらしきものは存在しないことが多い。一般には地方自治体はもっとも官僚的な組織のひとつであると思われているが、その実、本来の官僚制は十分に機能していないのが実情に近いように思われる。

本ケースにおいても初期の段階では組織的な対応はほとんどなされていなかったことを想起すべきである。正確な応対記録や経過報告も無く、ケースの概要を掴むことすら容易ではなかった。また、情報を集約するための様式もほとんど整備されていなかった。指導係発足後、一〇数年を経て具体的なケース処理を行う過程を通して各種の様式が定められ、事務処理要領が整えられていった。このことからも情報を組織内に蓄積するためには、様式や統一的な処理要領を定めるなど細かい工夫が必要となることが分かる。

そして、本ケースのような場合に組織的な対応を可能にする体制は、伝統的に官僚制組織と呼ばれてきた組織の形態に極めて近いものになると思われる。この組織・体制は組織内における情報の共有、個々の職員ではなく組織としての対応、情実の排除等、いずれも古典的官僚制組織の属性とされてきた要素の多くを含んでいる。

法規適合性の確保を目的とするような事務については組織的な対応が不可欠の要素であり、情報の共有と統一的な業務の処理手順及び明確で迅速な意思形成を制度的に保証することが前提でなければならない。ケース処理のプロセスを前に進めるためには詳細で具体的なマニュアルの存在と具体的に行動する職員各自が自らの職責を果たすことがぜひとも必要となる。非定形の業務も分解していけば、これまでの定形業務からまったく離れたものではなく、定形業務のシナジーを期待できる場合がほとんどである。したがって、マニュアルの作成は必ずしも困難なものではない。要するに、新しい分野への取り組みを散発的なものに終わらせないためには、組織的な取り組みがぜひとも必要であり、これまでの組織の常識から離れて、一歩踏みだすべく断を下すとともに誰でもが取り組むことのできるよう具体的な経験を言語化してマニュアルを作成することが必要となる。

そして、組織の意思統一を図るために上級者が明確な指示を出すことが期待される。とりわけ前線に一番近いミドルマネージャーは、現場の状況を正しく上級マネージャーに伝え、上級マネージャーの意思の形成を助けるとともに、自ら乱戦のなかに入り、部下にも突入を命じるという困難な仕事をこなす必要があるのである。これらを円滑に進めるための工夫を集大成していけば、自ら官僚制的価値を徹底的に追求することにつながっていくことになるのである。

五　まとめ

今までのケース分析のなかで得られた含意を要約するとともに実務への提言を行うこととしたい。

(1)　逸脱行動と社会化

長年にわたって培われてきた組織内の常識は、個人が環境を理解認識する際の基礎となる「判断の尺度」に大きな影響を与えるものであり、現状肯定的な自己満足の程度が大きければ大きいほど環境の変化からとり残されてしまう。そして、本来の組織目的からの逸脱行動を正当化するメカニズムを支えることになる。このようにして形成された組織文化を変えようとすれば、回りとの衝突を恐れず行動する必要が生じる。

ところが、回りの人々と異なる意見を表明することは実際には大変なことである。ごく普通の会議でも回りの顔色をうかがって、なかなか旗幟を鮮明にしない人が多いものだが、日常的な利害が複雑にからまった同質的な集団では、その傾向はいやでも高まらざるをえない。かくして、集団の内部では、現実からかけ離れた自己満足の常識が形成され、本来の使命からの逸脱をますます加速していくことになるのである。

したがって、実務のうえではGroupthinkに陥ることの無いよう異質な意見を排除せず、耳を傾ける必要がある。同質的な集団を形成しないように人員配置等の面で配慮が必要となってくる。問題解決プロセスにおいては、多くの場合、異質なものとの対決の過程を通して新たな地平が開けてくるのである。

(2) 紛争解決のマネジメント

組織を動かすためには、明確な戦略と的確なマネジメントが不可欠となる。エスノグラフィーからも明らかなように問題解決プロセスでは、各種の手続を組み合わせて具体的なプログラムを組み立てることが重要となる。プログラムを的確に組むためには戦略とマネジメントのスキルが求められる。担当職員がこの種のスキルを獲得するには、長い時間と経験が必要となり、体系的な学習プログラムに基づく人的資源開発の取り組みが必須の条件となる。単なる法技術的な知識を伝えるだけではなく、ストレスに打ち勝つためのメンタルな面のサポートも含めた総合的な対応を組織として行わなければならない。この種の学習支援の必要性は地方自治体では未だ十分に認識されていないが、環境の激変に的確に対応するためには職員の学習を支援する体制を整える必要が有り、専門家、大学等の外部の力も借りて専門的体系的な教育学習システムを作り上げることが大きな課題となってくると思われる。

(3) 実践の重要性

組織の抱える問題は、抽象的なものではなく、すぐれて具体的なところにその特徴がある。具体的な問題は、実際に経験してみないことには完全に理解できない。言語化された情報をいくら多く集めても有効な決定を下すことはできない。言語化、意識化できない経験のなかに問題解決の糸口が隠されている。

実際に体を動かして経験してみないことには、事実は見えてこない。抽象的一般的な検討の中から、どこへ向かったらよいのかという答えを導きだすことは困難である。そして、具体的な経験を多く積むことによって問題解決のノウハウを手にすることができる。経験を一般化、理論化することは困難であるが、紛れもなく組織を動かしていくものがある。それを解明していくことが組織人としての使命でもある。本書で試行的に取り組んだエスノグラフィーは、右記の知識の整理と伝播に役立つ具体的なリサーチの方法を提供できる可能性を持っている。

実践を通して暗黙知の形で知恵は行為者に蓄積されていくが、これを意識的に概念化していく努力をしない限り、知恵は組織内に伝播できない。エスノグラフィーに即して言えば、法律や制度は容易に理解できるが、それらを組み合わせて問題解決のプログラムを組み立てることが難しいのである。問題解決のプロセスの全体像を理解するためには、暗黙知の闇に閉ざされている部分にも光を当てていかなければならない。そのための一つの方法が現場に着目したエスノグラフィーなのである。

(4)　官僚制のプラスの側面

先にも述べたように官僚制は最も能率的な社会組織のタイプであるといわれているが、反面マイナスに作用する逆機能についても夙に指摘されているところである。しかし、神戸市の事例を見る限り、官僚制の不徹底からくる問題点のほうが圧倒的に大きいように思われる。多くの人と様々な資源を有する巨大組織は、それだけで大きな潜在力を持っているのである。もちろん本書で取り上げている「協働型まちづくり」のように古典的官僚制モデルに馴染まない行政分野も増加しているが、むしろ、官僚制原理の不徹底の故に問題を生じる場合も少なからずあるのである。

例えば本エスノグラフィーでも明らかなように法的措置を取る場合、決して法的手続そのものに時間がかかるのではなく、手続着手の決断に至るまでに多くの時間を費やしていることが分かる。この最大の原因は手順手続の明確化と組織的な対応がシステム化されていなかったからである。したがって、地方自治体が法的措置に取り組む場合、法律や手続に関する知識の多寡よりも個々の職員をサポートし、組織として仕事に取り組むシステムを作り上げることが最大の課題となる。

(5)　組織の覚醒とストレス

最後に組織は適度のストレスがあって始めて、活性化するもののようである。ストレスがなければ、組織は眠ってしまい、反対にストレスが強すぎれば、発展の芽を潰してしまうことになる。したがって、組織には常に何かの目標を与えて適度のストレスをかけるようにしていくことが求められる。

第三章　こうべまちづくりセンターの組織変容

一　対象事例選定の理由

本章では、阪神淡路大震災以降「㈶神戸市都市整備公社こうべまちづくりセンター」（以下、「センター」という。）が進めてきた復興支援事業への取り組みのケースを取り上げて検討する。

センターのケースは様々な組織境界を横断するアクターの相互作用を含んでおり、地方自治体組織の境界面（インターフェイス）の変化を考えるための最適の事例である。

第一部で簡単に触れておいたが、地方自治体におけるまちづくり業務の現場の状況は大きく変質を遂げようとしている。世田谷区や豊中市等で試みられているように、現場において住民が窓口に来るのを待つだけではなく、職員が出向いていって住民と協働作業を行うという形態が見られるようになってきた。境界的アクターとしての地方自治体職員の重要性が増すとともに行動パターンにも変化が現れてきているのである。さらに地方行政の技術性、専門性が高まってきていることを反映して、コンサルタント、弁護士、大学関係者等の専門家との協働の機会が確実に増えてきている。まさに住民と地方自治体組織を繋ぐ「境界的アクター」の内包と外延が拡大されようとしていると言えよう。

また、こうべまちづくりセンターというこの事例には、組織時間の様々な要素が備わっている。センターは、一九九三年の発足当初は神戸市の行政組織（外郭団体を含む）の中ではほとんど注目を集めることの無い、むしろ組織内での辺境に位置する組織であり、「顔の見えない組織」と言われていた。センターは、阪神淡路大震災という未曾有の災害がもたらした危機的状況に対する具体的な組織的対応を行った。その結果として、組織の位置づけや業務内容の面で鮮やかなコントラストを示すことになった。すなわち、震災以前は何をするところか分からないと言われていた組織が震災復興支援業務への取り組みを契機に「まちづくり人材育成」事業や「まちづくり情報」整備事業等、多面的に事業展開を進め、次第に「顔が見える」ようになったのである。

センターは、二〇〇〇年度現在、職員数一一名、事業費規模約四億円となっている。組織が小さいだけに、それだけ深い観察ができるだけでなく、筆者自身、その立ち上げから六年間一貫して運営に携わってきており、そのすべての過程を詳らかに見てきたという研究上の利点を持っている。

以上のことからセンターのケースは地方自治体の組織変容に着目したエスノグラフィーに適した事例なのである。

二　こうべまちづくりセンターの開設（一九九三年）まで

神戸市では、全国に先駆けて、一九八一年に「神戸市地区計画及びまちづくり協定等に関する条例」を定め、住民参加による住み良い「まちづくり」の推進に取り組んできた。地域のまちづくり協議会に活動助成を行い、専門家を派遣して技術的支援を行う等、先駆的な「まちづくり支援施策」を実施し、神戸市における「まちづくり」の取り組みは全国的にも注目を集めるところとなった。

住民意識の高まりとともに、住民参加の域を越えて、住民主体の「まちづくり」を進めるため、市民・事業者・行政による「協動のまちづくり」が模索されるようになった。そして、協動のまちづくりを推進するためには、都市計画に関わる複雑な法制度を分かりやすく解説したり、各種の相談に応える等、きめ細かく情報を提供し、柔軟な対応が可能となる第三者的（行政と住民の中間に位置する）組織が必要であると認識されるに至った。

以上のような事情を背景に、住民主体の「まちづくり」支援の核施設として「センター」を設置する構想が浮上し、センターの活動拠点となる施設の建設と管理運営を㈶神戸市都市整備公社が神戸市から受託した。そして、拠点施設建設を進めるためのプロジェクトチームとして、一九九〇年、㈶神戸市都市整備公社内に「こうべまちづくりセンター準備室」が設置された。施設の建設場所には三宮とハーバーランドの中間に位置する元町地区の活性化を支援するため、元町商店街の中の土地区画整理事業用地が当てられることになった。

一九九三年一一月、神戸市中央区元町通四丁目に「神戸市立こうべまちづくり会館」が新築落成し、同会館の管理・運営と各種のまちづくり支援事業を実施するための組織として「センター」（「こうべまちづくりセンター準備室」から改組）が発足した。

発足当初、「センター」事業の基本的な枠組みは、①まちづくり人材の活用、②まちづくり人材の育成、③まちづくり情報の収集と提供、④まちづくりに関する調査・研究、⑤まちづくりの活動拠点の提供、の五つの柱を軸にして組み立てられていた。しかし、この全体構想の具体的な展開方策に関しては、組織内部でも共通の理解といえるものがほとんど無かった。サービスの内容、対象、方法等についての具体的な事業デザインは漠然としており、市民向けの講座や講演会の実施、まちづくり資料の収集・提供等、後方支援的な業務が主で地域の住民に対する直接の支援には関わりが無く、まちづくり協議会等の各地の地元組織やコンサルタント等のまちづくり専門家との交流も無かった。

もともと「神戸市立こうべまちづくり会館」は神戸市における「戦災復興土地区画整理事業」を記念するための記念館として構想されていたこともあって、「まちづくり支援」の具体的な展開はプログラムされておらず、世田谷区、杉並区等の特別区の事例を参考に組み立てた抽象的なレベルの事業計画が策定されていたに止まる。

例えば地域の「まちづくりリーダー」や市役所ＯＢ等のボランティアを「まちづくり」現場にアドバイザーとして派遣する「まちづくりボランティアバンク」制度を立ち上げていたが、センター発足当初の担当職員には地域リーダーとの面識も無く、実際に運用できる下地はほとんど無かった。したがって、震災以前のボランティア派遣実績は年間数件止まりであった。（しかし、このときに作り上げた仕組みと震災までの二年足らずの間に培った人的な繋がりが震災以後思わぬ威力を発揮することになった。このことは後で詳述する。）

つまり、センター発足当初、施設はできたけれども、提供すべきサービスの内容が不明確で、しかも、必ずしも住民等のニーズに適合していないという状況が見受けられたのである。加えて、センター事業の窓口が都市計画局区画整理部であったため、全庁的な広がりをもっていなかったこと、センター事業に対する関係機関、地域リーダー、専門家等の理解が十分ではなかったこと、さらには施設が比較的小規模（地上六階地下二階、延床面積一九七一㎡）なこともあり、神戸市の組織内での存在感は相対的に薄く、ほとんど知られていなかった。その後も、一九九五年一月までは、センターのこの位置づけは基本的に変わらなかった。

三　転機

一九九五年一月一七日の未明、兵庫県南部の住民の多くは突然の激しい上下動でその眠りを覚まされた。阪神淡路大震災として知られるようになったこの災害により、多くの人命が奪われ、膨大な財産が損なわれたのである。ここ数十年以上にわたって大きな地震を経験していない多くの住民にとってこれはまさに予測を超えた驚天動地の出来事であった。そして、この阪神淡路大震災が「センター」事業に大きな転機をもたらすことになる。すなわち、大震災の想像を絶する惨状を目の当たりにして、神戸市という自治体組織の全体的な対応の中で、センターにおいても事業の再定義と具体的な支援プログラムの構築が一連の緊急課題として浮上し、その諸力を総動員して応える必要に迫られたのである。

以下、①緊急避難所の開設、②学生ボランティアの受け入れ、③こうべすまい・まちづくり人材センターの開設、④まちづくり人材育成の試み、という四つの課題を取り上げ、センターの業務と具体的な事業プログラムの変遷の過程を検討していくことにしたい。

以下では、センター係長Ａによる参与観察として記述を行う。なお、文中の肩書き、組織名称等は、すべて当時のものである。

四　全体の流れ

まず、個別の事業ごとの記述に入る前にセンターの震災以後の動きを簡単に素描しておくことにする。

①　避難所の開設

震災直後の組織としてのセンターの取り組みは、緊急避難所の開設から始まった。神戸市内の被災地全体で最大時約二三万人の人々が避難者となるすさまじい被害の中で、「こうべまちづくり会館」も避難所として被災者に開放されることになった。震災直後の一九九五年一月一九日に避難所を開設し、同年五月三一日に閉鎖されるまで、約五ヵ月間、センターは避難所運営業務に従事した。この間、最大時で一四四名の避難者を受け入れた。比較的小規模な避難所であったため、センター職員と避難者とのコミュニケーションは円滑であった。途中、小さなトラブルはしばしばあったが、避難者の協力もあり、大きな混乱も無く五月には避難所の閉鎖が可能となった。

②　まちづくりボランティアの相談窓口への派遣

避難所運営と並行して、神戸市からの要請により一月下旬から「まちづくりボランティアバンク」に登録していた神戸市ＯＢ（技術系職員）を倒壊危険物解体申し込み窓口へボランティア（まちづくり推進員）として派遣する業務を開始した。さらに建築基準法第八四条に基づく建築制限区域の相談窓

［表７］　センター略年表

事業名	'93.11　　'95/1,2,3,4, 5,6,7,8,9 '96 '97 '98 '99
センター開設	＊
①避難所運営	＊――――＊
②ボランティア受け入れ	＊
③専門家派遣等	＊――――――――――
④まちづくり人材育成 ・専門家向講座 ・安全まちづくり大学	 ＊―――― ＊――――

口が各区に開設されることになり、応援要員を派遣してほしいとの依頼が神戸市からあったため、一月三一日に「まちづくり会館」でＯＢに対する説明会を開催した。多数の参加を得て、ＯＢからは協力の申し出が寄せられた。

二月二日からＯＢボランティアの出務が始まった。同月一〇日には推進員の配置状況を公社専務理事に報告し、「推進員制度要綱の一部を改正する件」につき決裁を得た。また、同日、神戸市都市計画局長にも実施状況を報告した。

Ｔ副所長は協力を申し出たＯＢに連絡を取り、出務ローテーションを作成していたが、日によっては必要な人数が確保できず苦労していた。まちづくり推進員の窓口への派遣そのものは客観的に見て大きな成果をあげ得なかったが、この取り組みこそセンター事業の再定義を具体化する記念すべき第一号の仕事であり、後に述べる専門家派遣制度へと結実していったのである。

③　センター事業の方向づけ

この間、Ｔ副所長はセンター事業の組立てについて構想を温めていた。その内容は後で詳述する学生ボランティアの受け入れと専門家派遣制度の運営を骨子とするものであった。この企画案については、三月中旬、神戸市都市計画局と公社の了解を得て、関係する住宅局とも調整の作業に入っていった。特にＴ副所長は専門家派遣の一元的な受け皿としてセンターを活用するよう神戸市都市計画局及び住宅局に何回も足を運び強く働きかけていた。

④　まちづくり人材育成の取り組み

「こうべすまい・まちづくり人材センター連絡会」（一九七頁参照）の議論の中から専門家向けの講座を開講するアイデアが出され、具体的なプログラムが組み立てられていった。また、「市民安全まちづくり大学」にも取り組むことになった。この内容については後で詳述するが、そこに現れているのは人的ネットワークと職員の仕事への意欲の重要性である。とりわけ、ボランティアとしてワークショップスタッフを買って出た職員の姿はこのことを如実に示していると言える。

⑤　センター事業の展開

以上、略述してきた通りセンターは震災以後、震災復興支援事業に携わるようになり、震災以前の「顔の見えない組織」の面目を一新した。これは行政ニーズへの適合の重要性を顕著に示すものである。震災以前は具体的なニーズも定かではない中でプログラムを組み立てていたのであり、何をするところか分からないと言われたのは当然であった。問題状況が明らかとされ、具体的な解決が迫られるに至って始めて目に見えるプログラムが組めるようになったのである。

そして、この過程で、センターの係長Aを始め多くの職員は人的ネットワークを確立していくとともに多様なスキルを身に付けていった。センターが都市計画局だけでなく、市民局、震災復興本部総括局等とも協働の輪を広げていくにつれて、個人的なネットワークが広がっていったに止まらず、市役所内におけるセンターの位置づけや評価も大きく変わっていった。さらに震災以降、まちづくり協議会、コンサルタント、NPO、大学研究者等との接触や協働の機会が激増し、地域や専門家等との繋がりの範囲が広がっただけでなく、地域リーダーや専門家等とのフェイス・トゥ・フェイスの関係が深まっていった。

以下、個別の事例ごとに詳しく経過を追っていくことにしたい。

五　緊急避難所の開設

五ヵ月にわたる避難所運営の過程は次のような三段階のプロセスに区分することができる。まず、制度立ち上げの第一段階、制度ルール定立の第二段階、最後は制度の安定と撤収の第三段階である。

1　「立ち上げ」期

一九九五年一月一七日（火）午前五時四六分、センターの係長Aは激しい揺れを感じ、目を覚ました。室外で懐中電灯の光が交錯し、人の声が聞こえた。Ａは壊れて開かなくなった玄関ドアをこじ開けて自宅マンションの室外に出た。Ａが外へ出て回りを見渡すと、壁に大きな亀裂が入っているのに気が付いた。近隣のすべての部屋で外壁に亀裂が入っているのが認められた。だんだんと回りが明るくなってくるにつれ、相当の被害が出ているらしいことが分かった。しかし、後で明らかになったような甚大な被害が出ていることはこの時のＡには知る由もなかった。

午前八時四〇分頃、Ａは車で職場に向けて出発した。須磨区月見山を過ぎ、天井川沿いを走るとほとんどの家屋が倒壊していた。中央幹線に入っても惨憺たる光景が一面に広がっていた。須磨区役所前を通り過ぎた。ここまで大きな渋滞にかからず、比較的スムーズに走ることができた。

長田区まで来ると大きな火事があちらこちらで発生していた。大橋九丁目付近では、激しく炎を吹き上げて燃えていた。元町通のまちづくり会館に午前一一時ごろに辿り着いた。建物の外観に大きな被害はなかった。Ａはカードキーを差し込み、開錠しようとしたが、停電のため作動しなかった。仕方なくＡは警備会社のビルに向けて徒歩で出発した。栄町通に出ると第一勧業銀行のビルが倒壊しているのが見えた。さらに進むと日産ビル（中国銀行）が、ファサードの壁を一枚残しただけで完全に倒壊していた。

さらにＡは大丸前まで進んだが、大丸の建物にも大きな被害が出ているようだった。海岸通まで出たが、道路のあちらこちらが陥没し、とても危険な状態であったため、Ａは警備会社のビルに行くことはあきらめ、まちづくり会館まで引き返した。玄関にT副所長のメモがあった。メモの内容は公社本社にいるので、連絡するようにというものであった。

そこで、午前一一時四〇ごろAは車を出し、公社に向かった。道路は非常に込み合い、なかなか前に進めなかった。葺合方面に大きく迂回し、三宮東の路上に駐車し、そこからAは徒歩で浜辺通五丁目の公社本社に向かった。午後二時ごろに公社本社に到着した。

Aは公社本社でT副所長と合流し、警備会社に立ち寄りガードマンを伴って、午後四時頃まちづくり会館に到着した。建物内部に入り五階から順に各階を点検した。屋内階段の化粧パネルが落ちそうになっている他は階段部分に大きな損傷はなかった。三階と四階の内部は相当に大きな被害を受けていた。五階の事務室は、机、什器類が散乱し、どこから手を付けて良いか分からない状態であった。ことに床にガラスや食器の破片が散乱し、足の踏み場もない有り様だった。

T副所長とAは点検をすませた後、公社本社へ向かった。専務理事に被害状況を報告した後、午後八時頃退社した。Aは車で帰途についたが、三宮・元町周辺の道路は大変な渋滞でほとんど動けない状態であった。この日は組織的な行動はほとんど無かった。

避難所の開設については、翌一月一八日、㈶神戸市都市整備公社本社N庶務課長からセンターのT副所長に「まちづくり会館」に避難所を開設することの可否について問い合わせがあった。Tは「市の施設であるので、市に確認を取ってから回答する。」と応じた。そこで、センターから市役所（都市計画局）に避難所開設の可否について照会した。市からは確定的な回答が得られなかった。

本社Ｎ庶務課長の意向としては、公社としても応分の貢献がしたいいので、ぜひ「まちづくり会館」に避難所を開設してほしいとのことであった。Ｔ副所長はＮ課長の意向を汲み、避難所を開設することを決断し、庶務課と協議の上、二階ホールと地下一階ギャラリーを避難所として開放することが決定された。そして、この旨の決裁を起案した。一八日午後には、本社から毛布・ろうそく、その他の備品が搬入された。この時、Ｔ副所長は「今は非常事態や。役所風の仕事の仕方ではどうしようもない。何でも有りの気持ちでがんばってくれ。」と職員に檄を飛ばしていた。

また、この時点では周辺地域のすべてが停電していたため、関西電力に応急復旧の依頼がなされた。一九日には関西電力の応急復旧班の手によって復旧工事が完了し、照明設備が利用できるようになった。また、水道の利用も可能となった。そして、一九日の午前中、正面玄関に避難所を示す看板が掲示された。一九日の午後から夜半にかけて付近の人を中心に避難者の来館が始まった。

避難者の受け入れ台帳等あるはずも無く、避難者には大学ノートに住所・氏名を記入してもらうことになった。因みに震災直後の約一～二週間は、事務連絡であれ、決裁であれ、ワープロ打ちの文書が忽然と姿を消していた。すべて手書きのそれも乱雑なメモ書きの類のものが多かった。避難者の大部分は「まちづくり会館」に隣接する元町通一～五丁目、栄町の住人であり、概ね会館を中心とする半径二キロメートルの範囲内に収まる地域から来ていた。

センターの職員にとって、最初の一週間は、避難所の設営、避難者の受け入れ、食料その他用品の受け入れ・配布、職員の勤務ローテーション作成等の業務に忙殺され、事態の推移に対応するのが精一杯であった。また、避難者の間では、この時期に避難所の一日の生活パターン（食事時間や消灯時間等）が確立され、避難所運営の基本ルールが形成されていった。三週間目頃からかなり状況は落着いていった。食料その他の用品の搬入時間も一定し、新たな避難者の受け入れ数も減少した。また、大学ノートに書き散らした状態であった手書きの避難者名簿は、この頃までにワープロ打ちの名簿に作り変えられていた。

これまでの記述からは、本書において、立ち上げ期とよぶ時期の業務の特性のいくつかがはっきりと認識できる。避難所の組織は、常に変化していた。定型的業務文書は消失し、手書きのメモにとって替わられた。業務は常に調整を必要とした。業務の目標は、はっきりと定められていず、状況に対応して定められ、変化した。避難所がサービスする住民の範囲等、いくつかの条件は、既に事実上設定されていたが、それは規範や基準や計画にのっとったものではなかった。はっきりと定義されたものではなかったが、サービスの必要性は震災の時点以降常に増大しつづけていると認識されており、個別の業務について、通常の立ち上げプロジェクトのように明確な（業務完了の）締切日はその時点では設定されていなかった。

2　定立期

二月の半ばごろから、第二段階に入った。

T副所長は避難者の入居状況を正確にマッピングする必要があると判断し、A係長に調査を始めるように指示を出した。A及び他の職員はこの指示を受けて、各避難者家族の避難場所を二階と地下一階のフロア平面図にマッピングする作業に入った。さらに正確に避難者の現況を把握するために避難者世帯ごとに聞き取り調査を開始した。具体的には個別のヒアリングを順次行いながら、世帯の人員、従前の住所、被災の状況、今後の予定等が確認されていった。特に小規模な避難所であるという特性から世帯ごとのヒアリングには十分な時間が費やされた。場合によっては、センター職員が各種の相談にも応じた。この過程で名簿と現実の避難者との一対一の突合作業が行われたことになる。この結果、全避難者とセンター職員との面識ができ、コミュニケーションが可能となる下地が形成された。これ以降、各避難者と固有名詞でコミュニケーションが取れるようになったのである。このことは後ほどセンターが避難所閉鎖の手続を進めていくうえで大きな支えとなった。

職員の動員体制（避難所を二四時間運営するため職員を交代で張り付ける必要があった）についても安定の方向に向かっていった。当初は公社の各所属から応援職員が入れ替わりたち代わり来ていたが、その後、特定の所属の職員が応援要員として来る体制に移行していった。また、応援職員用の業務マニュアルもより完成度の高いものになっていった。さらに、食料・用品の搬入についてもこの時期までに宅配業者による定時配送のシステムが確立され、より定型化していった。

三月に入って避難者の相当数は自宅に戻っていった。そして、新たな避難者の受け入れはほとんど無くなった。業務の定型化と避難所運営ルールの精緻化が進み、また、職員、避難者ともに避難所運営ルールに従って行動することに習熟していった。さらにAは「まちづくり推進員」の登録を通して面識のあった真野地区の「まちづくり推進会」Y事務局長を訪ねウレタンボードを分けてもらい避難者に配ったが、避難所内の家族間の仕切りがある程度可能となるため、避難者からは好評を博した。

第一段階とは異なり、避難者との連絡調整や応援職員・関係行政機関等との打合せや理解のすり合わせといった作業は大幅に減少していき、業務遂行に要するエネルギーは確実に減衰していった。ルールのデザインと定立にではなく、ルールの運用に関心が向けられる時期を迎えたと言えよう。

しかし、避難所の毎日は決して淡々と進んでいった訳ではなかった。日によってはもちろん波乱もあった。業務の定型化は、業務の機械化や問題の消失ではなく、問題の発生の環境の変化にすぎない。その一例として、Aの日記（一九九五年三月二五日付け）の一部を次に引用してみたい。

「午後三時四〇分頃、避難者の一人であるBから地下一階の避難場所で避難者同士が喧嘩をしているとの知らせがあった。すぐに一方の当事者であるYから事情を聞いた。

Yの話によれば、Nからラジオの音がうるさいと言われ、音量を下げるつもりが慌てたため逆に音を大きくしてしまったところ、Nからいきなり殴る蹴るの暴行を受けたと言うことであった。

次にもう一方の当事者であるNからも事情を聞いた。Nは『非は先に手を出した自分にあるが、Yにはこれまでにも何度かいろいろと注意をしてきた。子供にも暴力を振るうようなこともあった。これまでの再三の注意にも耳を貸さず、一向に態度を改める気配が無いので、ついかっとなって殴ってしまった。』と語った。

以上のような経過の後、事実をセンターから派出所に対して報告する旨、両者それぞれに伝えた上で、元町通派出所に出向いて事件の報告を行った。派出所としては、直ちに事件化することはせず、被害者の告訴を待って事件としたいとの見解を示したので、施設管理者としては異議無い旨の回答をした。会館に戻り、Yに告訴の意思の有無を確認したが、Yは告訴しないとの意向を示した。併せて、自宅に戻ることができるので、この際避難所から退去したいとの申し出があり、午後四時過ぎにYは避難所から退去した。結局、本件は刑事事件にはならなかった。」

このようなトラブルはしばしばあったが、地元のお互いに面識のある者同士の間では、同様のトラブルを見聞きすることは皆無であった。

このエピソードには、安定期の業務の特性が観察できる。トラブルは、法や道徳などのルールに照らして発生し、解決においてもそのルールが利用される。このとき、ルールに関する知識や権力の差異が解決のために利用される。避難者は名前が知られており、職員も担当が決められている。「自宅に戻ること」という制度的選択肢が解決のために利用される。

3　終結期

さて、三月になって神戸市及び公社によって、センターを復興まちづくり支援事業（専門家派遣等）の一元的な受け皿とすることが決定されたため、センターでは、にわかに「こうべまちづくり会館」の全面復旧と避難所としての機能の解消が大きな課題として意識されるようになった。三月下旬から四月にかけて、いよいよ最終段階を迎えた。三月二六日からは夜間体制が見直され、ガードマンを一名配置することで宿泊勤務の職員を二名から一名に減らすことになった。さらに「四月中に二階ホール避難所を閉鎖し、地下一階のギャラリー避難所に集約することと、五月にはまちづくり会館避難所を全面閉鎖する」方針が公社内で決定され、その方向での調整に最大限の努力が傾けられた。

具体的には、それぞれの世帯の状況が再確認され、現在の問題点を中心に聞き取りが行われた。その結果、一世帯を除いて全世帯が五月までには自宅に戻るか、仮設住宅に入居の予定であることが分かった。この過程では、第二段階及び第三段階の期間に培った避難者とのコミュニケーションの蓄積が大きく役立った。すべての世帯は五月の避難所閉鎖について理解を示した。そして、五月三一日には、一月一九日から続いてきた「まちづくり会館避難所」は混乱もなくその幕を閉じた。

このプロセスには、終結期の特徴が見て取れると言えよう。基本的ルールの変更は、選択肢の中にはなく、従来のルールという資源を活用することで、利害の調整が図られる。問題はつねに縮小され、閉鎖という目標にむけて、収める努力が払われた。

六　学生ボランティアの受け入れ

避難所運営と平行して、一九九五年三月の一ヵ月間、東京大学と東京理科大学を中心とする学生をボランティアとして受け入れた。事の発端はコンサルタントKからのA係長への電話であった。KとAとは仕事を通しての旧知の関係であった。当時、Kは震災復興を支援するためのコンサルタントネットワークの中心となって活動していたため、様々な情報がKのところに寄せられていた。電話の内容は「東大の小出治教授が学生をボランティアとして送り込みたいといっているらしい。ただ、現地の事情が分からないので、実行には至っていないようだ。この話はA新聞のO記者からの情報なので詳細は分からない。O記者に直接電話をしてもらうのでよろしく。」というものであった。その後、一九九五年二月一九日、A新聞のO記者から電話があった。O記者は「東京大学の小出治教授が学生を組織して、震災復旧の支援ボランティアを神戸に送りたいと言っているが、受け入れ先や現地の状況が分からないので、具体的には動いていない。センターで受け入れることができるなら、連絡が欲しい。学生は延べで一〇〇人程度になる。」と語った。Aは直ちにT副所長に報告し、T副所長の指示を受けて学生受け入れに関する企画書を作成した。そして、直ちに公社N庶務課長に概要を説明するために出向いた。N課長は「学生一〇〇人の世話は大変やな。」と言って即答を避け、神戸市区画整理部のH参事の意向も確認するよう指示を出した。

H参事にも説明の上、二月二二日には公社専務理事の了解を得た。このため、学生の受け入れに向けて具体的なプログラムを組み立てていくことになった。学生ボランティアの受け入れプログラムの実施に当たっては、学生代表者とセンターで構成されたプロジェクトチームが大きな役割を果たした。センターと、学生を組織した小出研究室とはこの時までまったく接点が無く、センターと学生側代表者との接触は二月下旬まで無かった。

Aは東大側と連絡をとりながら具体的な日程調整と業務内容、受け入れ体制等についての細部にわたる調整を開始した。三月一日になって、学生の第一陣としてH他二名の学生を受け入れ、基本的な業務内容等のデザインが完了した。

学生達は避難所の一角に寝泊まりして、神戸市住宅局と都市計画局の震災復興支援事業の業務に従事した。受け入れた学生は延六四名、大部分は建築、都市計画専攻の大学院生であった。Aは受け入れ窓口担当者として、学生側責任者のH及びMと日程等の調整を行うとともに関係課（神戸市住宅局住環境整備課、都市計画局区画整理課等）に連絡をとり、業務内容、派遣人数等の調整を行った。また、ボランティア保険関連業務、生活情報の提供等も行った。結果的にセンターは事実上のリエゾンオフィスの役割を担ったといえる。また、T副所長、A係長と学生責任者による連絡会議（プロジェクトチーム）が毎日開かれ、プログラム全体のコーディネート（全体戦略の決定、マニュアルの作成、人員の配置、専門家・まちづくり協議会等との連絡、進行管理等）に当たった。

学生受け入れ後の最初の数日間はプロジェクトチームの立ち上げとマニュアルの作成に多くのエネルギーが費された。学生の滞在期間は長くても二週間程度であり、しかも、メンバーの入れ替わりが頻繁であるため、マニュアルの作成は必須の作業であった。学生スタッフとセンター側スタッフの間の意思疎通を図り、お互いの理解を短時日の間に深めるためにもマニュアルの作成作業は重要であった。センター側スタッフと学生側スタッフによるプロジェクトチームを円滑に立ち上げる上でマニュアル作成の共同作業は非常に効果があった。

マニュアルは、①主な戦略活動ポイント（業務の拠点、連絡先など）、②戦略プロジェクト（個々の業務内容、作業手順、資料へのアクセスの方法、書式、用語の定義、地図、作業行程表、人員配置計画など）から構成されていた。マニュアルを作成する過程では、工程管理表、地図等を利用することで共通理解を深めることができた。また、住宅市街地総合整備事業等の制度について学習することができた。さらにこの過程でセンターのAは学生側責任者のH、M等を伴って市役所の関係課、コンサルタントの事務所、真野地区や野田北部、魚崎地区等に足繁く通ったが、結果として後の事業展開に役立つネットワークづくりがさらに進んだ。

具体的な業務の内容については、先に述べた通り毎日夜間（午後七時から八時頃）に開かれた連絡会で決定された。このミーティングではスケジュールの進行状況、調整すべき内容、その日の問題点、等が話し合われた。そして、次の日の行動予定、人員配置、調整項目及び相手方が確認され、実施に移された。原則として連絡の必要が生じたり、問題が発生したときは即座に対応し、後に懸案を残さないように注意が払われていた。

センター職員と学生の意思疎通を図る上でこのミーティングは大きな効果をあげた。ボランティア受け入れの初動期段階では、全く面識の無い者同士の関係からスタートすることになるので、ボランティア側と受け入れ側との間に信頼関係を早期に形成する必要がある。右記のミーティングは単なる事務連絡と調整を超えて、様々な意見交換の場としても機能していた。

学生ボランティア受け入れの過程も避難所業務と同様に三段階に区分することができる。すなわち、第一段階は、東京大学工学部の小出教授からの学生ボランティア受け入れの打診に始まり、学生受け入れの基本的な枠組みのデザインと実施に向けた関係当事者（神戸市住宅局、都市計画局、コンサルタントグループ等）との調整と試行の段階である。第二は、第一段階で形成された基本的な枠組みを発展させ、より安定的な制度の運用を目指す段階であり、最後は円滑な撤収を行うための段階であった。

第一段階では、プログラムのデザイン、作業内容等についての共通理解を進めるとともに、学生ボランティアの位置づけ等、理念的な内容についても学生代表とセンターの間で擦りあわせる必要があった。センターと学生側とは、それまで面識が無く、それぞれの組織的なバックグラウンドも違うため、お互いの円滑な意思疎通と安定した関係を作り上げるために多くの時間と労力を費やした。第二段階では、業務そのものは安定軌道に乗っており、業務や打合せの内容の定型化・形式化がかなり進んだ。第三段階は、まさに撤収を円滑に進めるための新たな「立ち上げ期」とも言える段階であり、打合せなどの頻度は第二段階よりも高かった。

短期間の間に多くの人を動かすプログラムを起動させるためには、学生とセンター職員等で構成されたプロジェクトチームの活用が効果的であった。それは、プロジェクトチームを構成する各キーマンが、それぞれのバックグラウンドやネットワークを活用することで、調整や連絡に費する時間と労力を極力節約することができたからである。

また、学生サイドから見ると、一定の教育効果も有ったと考えられる。後日、ボランティアとして参加した学生から感想文の提出を受けたが、生々しい現場を見る機会を得たことを感謝するコメントが多数あった。大震災という非常に特殊な状況ではあるが、行政現場と大学との連携によって現場を体験する機会を学生に提供する試みの成功事例としてあげることができよう。

七　こうべすまい・まちづくり人材センターの開設

1　制度立ち上げの経緯

本プログラムの立ち上げ過程を簡単に振り返ってみると、次の通りである。「すまい・まちづくり人材センター」プログラムの検討は、震災直後の一九九五年二月頃から始まった。多くの住宅が大きな被害を受けたため、住民から膨大な量の相談が行政窓口に寄せられた。しかし、それらの相談に十分に対応できる体制を市組織の内部で作り出すことは当時の状況では困難であった。このため、主に住宅の共同再建を円滑に進めるための支援体制の確立が大きな課題となっていった。

神戸市住宅局では、従来から実施していた「アドバイザー・コンサルタント派遣制度」をもとに緊急時対応の専門家派遣制度創設の検討を開始した。また、神戸市都市計画局の震災復興区画整理部でも、震災復興区画整理を円滑に進めるための専門家派遣制度創設の検討が始まった。この二つの流れから、「センター」を専門家派遣等の復興まちづくり支援事業の一元的な窓口にする構想が浮上してきた。三月には市の関係課（住宅局住環境整備課、都市計画局民間再開発課、同アーバンデザイン室、同区画整理課）、コンサルタント等専門家との意見交換が行われ、四月には大筋のプログラムデザインが組み立てられた。

五月、六月の両月にわたって、前記関係課の担当係長と制度要綱（公社要綱）の制定に向けて詳細の詰めが行われた。基本的には神戸市のコンサルタント派遣要綱やアドバイザー派遣要綱等の既存の要綱を参考に新たな要綱の策定作業に当たったが、専門家の派遣要件などについては震災復興支援という特殊事情もあり、「震災復興促進に資するものであること」を要件に加えるなど、変更が加えられた。一九九五年六月一八日には、公社専務理事の了解を得、同年七月三日には理事長（市長）の決裁があった。

2　立ち上げ期におけるプロジェクトチームの役割

運営要綱の制定や派遣システムをデザインするに当たっては、前記関係課の係長をメンバーとするプロジェクトチームを編成して対応した。メンバーとなった係長同士はお互いに面識のある関係で、職種は事務職と建築職に属していた。「センター」と前記関係課とは、センター事業の市側の窓口課であった区画整理課（一九九六年度から窓口課はアーバンデザイン室に変わった）を除いて公式の関係はなかった。震災以後の混乱の中で、新たな制度を短期間に立ち上げていくうえで、各課のキーマンである係長によるプロジェクトチームは極めて有効に機能した。プロジェクトチームの連絡会は、ほとんど夜間に開かれた。（時間中は、ほとんどのメンバーの時間が取れなかったため）このプロジェクトチーム連絡会を通して、申請の書式、お互いの役割分担や審査の流れ、派遣決定の方法、専門家との契約手続き等、具体的な内容が決められていった。通常の関係課ごとの調整方式よりは、情報の流れが円滑であり、問題点の把握も速くできた。その意味では、非常時におけるプロジェクトチームは一つの効果的な調整方法であったと言える。

さらに、このプロジェクトチームは制度立ち上げ後も存続され、個々の専門家派遣の可否を判定する機能だけでなく、各種の連絡調整の場としての役割をも担うことになった。(「すまい・まちづくり人材センター連絡会」と称した。) センターの行う専門家派遣は住宅の共同再建プロセスの初動期に位置づけられており、事業化の段階まで来ると優良建築物等整備事業等の補助制度を活用していくことになる。したがって、プロセス全体の整合性を確保するためには、それらの補助制度を担当している住宅局や都市計画局との調整が不可欠になってくる。このため、関係課の係長をメンバーとする連絡会が意見交換と調整の場として大きな役割を果たし得たのである。この連絡会は原則として週一回開催され、事務繁多な時も途絶えることなく続けられた。この連絡会の議論の中から「まちづくり大学専門講座」を始め新たな事業展開のアイデアが次々に生まれていったのである。

センターは、プロジェクトチーム事務局の機能を果たした。プロジェクトチームの日程調整をはじめとする連絡調整と資料作成等をセンターが行った。そして、制度運用の基本となる「運営要綱・細則」の原案は、センターが作成した。基本的な枠組みは、既存の市要綱を極力転用することとされたが、様式類等については、ほとんど新規に定められた。神戸市都市計画局及び住宅局の専門家派遣制度に関するこれまでの経験と実績は、具体的な制度原案を作成するうえで、大変役に立った。つまり、要綱や細則の文言を整えることは比較的容易であったが、前記両局に蓄積された知識・経験の助けが無ければ、「専門家登録の方法」、「専門家との契約手続の方式」、「委託料の支払方法」「履行確認の方法」等、現実の制度運用の手順・手続を具体的にイメージすることは難しかったと言わざるを得ない。

特に住宅局住環境整備課のG係長からは委託料の計算方式（技師単価に人日を掛け合わせて算定する）、都市計画局民間再開発課のY係長からは専門家登録の方法や様式について具体的なアドバイスを受けた。

既存の制度というメンバー相互間での共通理解を支える具体的な枠組みがあったからこそ、短期間の内に制度運用の具体的なイメージを共有することができるようになったと言える。ある程度、制度のシミュレーションができないと、要綱・細則の文言や様式等についても、明確に定めることは難しい。その意味では、新たに制度設計を行うためには、具体的な事例の経験の助けが必要なのである。

また、制度立ち上げの時期がかなり早い段階から設定され、そこからスケジュールを逆算して、プロジェクトチームが運営された。一般的にあるプロジェクトを立ち上げる時には、先にゴールの日を設定して、そこから逆算してスケジュール管理を行うものである。人材センターの事例でも、制度発足の日が先に定められ、すべての予定がフィックスされていった。締め切り日が無ければ、予定はどんどん先延ばしとなり、プロジェクトチームのメンバー相互で調整を図ることが難しくなる。一九九五年七月七日を制度発足の日とし、デッドラインを設定することで、具体的にプログラムが進められていった。

3　専門家派遣プログラムの内容と実績

この時立ち上げられた専門家派遣プログラムの内容と実績を簡単に紹介しておきたい。

［表8］　専門家派遣制度の内容

種　別	内　　容	対　　象	団体要件	委託料
アドバイザー派遣（1次）	まちづくり勉強会（原則として5回）	建築物共同化 マンション再建 まちづくり計画等	複数の権利者	1人/3万円×5回 上限45万円
アドバイザー派遣（2次）	すまい・まちづくりをより具体化するための勉強会の実施	建築物共同・協調化 マンション再建	権利者の概ね1/2	1件当たり50万円
		まちづくり計画等	概ね500㎡以上の区域を単位とする地区を代表し得る組織	
コンサルタント派遣（1次・2次）	（1次） 基本構想案の作成	建築物共同・協調化	一定の要件に適合する建築物共同化等を計画する目的をもつ土地所有者等の団体	500万円以下
	（2次） 事業計画案の作成	マンション再建	権利者の2/3以上の同意（2次派遣は3/4以上の同意）	
	（1次） 住民の意向調査 まちづくり方針案の作成 （2次） 計画案の作成	まちづくり計画等	概ね500㎡以上の区域を単位とする地区を代表し得る組織	

(1)　専門家派遣制度の概要

専門家派遣制度は、初動期のまちづくりの支援を目的としており、住民からの派遣申請に応じて登録専門家を派遣するものである。勉強会レベルのアドバイザー派遣とより具体的な計画策定レベルに対応するコンサルタント派遣の二段階構成になっている（**表8**）。地元団体等から派遣申請を受けた「すまい・まちづくり人材センター」は要件を満たしているときは遅滞無く専門家の派遣決定を行い、派遣専門家と派遣業務に関する委託契約を締結し、業務完了後、専門家に委託料を支払うことになる。

［表9］　専門家（アドバイザー・コンサルタント）派遣の実績（2000年3月31日現在）

区分＼対象		建築物共同化・協調化等	マンション再建	コーポラティブ住宅	まちづくり計画	道路整備型グループ再建	合計
派遣地区数		130	33	4	75	56	298
	着工・竣工	80	28	4	35	22	169
	継続中	16	4	0	34	33	87
	事業化断念	34	1	0	6	1	42

＊この他に震災復興土地区画整理事業地域にも専門家を派遣している。

① **専門家派遣制度の内容**

表8参照。

② **予　算　額**

神戸市からの委託料と㈶阪神淡路大震災復興基金からの補助金により運営しており、年間予算は約四億円である。（まちづくり活動団体への助成等を含む）

③ **登録専門家の内訳**

（二〇〇〇年三月末日現在）

人材センターに登録している専門家の内訳は次の通りである。

三一九社（人）（コンサルタント　二二四、弁護士　一六、司法書士　九、不動産鑑定士　八、税理士・公認会計士　一五、土地家屋調査士　四〇、大学教員　七）

(2) **専門家派遣の成果**

専門家を派遣した地区数及び結果は**表9**の通りである。

制度の概要と実績は以上の通りである。

4　共同再建過程の専門性と専門家の役割

専門家派遣事業の形成と実績は、自治体組織と環境における諸要素の複合的効果としてのみ理解できる。まず、この業務に内在する専門性の契機について明かにしておきたい。

「まちづくり」の根幹を成す都市計画事業の次元と日常生活の次元との間にはかなり大きな隔たりがある。例えば、事業の制度・法制に関する用語が日常生活で用いられることはほとんど無く、行政と住民が協動して「まちづくり」を進めていくプロセスは、この種の情報ギャップを埋めていく作業からスタートすることになる。市街地再開発事業や土地区画整理事業さらには建築物共同化事業等の過程において専門家が大きな役割を果たすことは従来からよく知られているが、一九九五年一月の阪神淡路大震災からの復興過程の中で、このことはますます明白となってきた。

住民の暮らしの中で「まち」が明確に意識されることはほとんど無く、大多数の人々は地域のコミュニティを意識せずに日々を過ごしている。ところが、大震災などの非常時になると、近隣住民の生活が相互に連関していることを思い知らされることになる。倒壊した住宅を再建するには住民相互の権利調整が前提であり、住民相互のコミュニケーションが不可欠な状況が生み出される。そして、建築、都市計画等に関連する法規・手続、税制、登記等に関する情報はもちろんのこと、まちづくり協議会や住宅再建組合等の住民団体内部における広報のテクニックや会議運営のノウハウ等、住民同士の合意形成を図るための技術や経験に対するニーズが急速に高まってくる。

そして、これらの情報を提供する役割を担うのが都市計画コンサルタント、建築士、弁護士、税理士等の専門職である。多くの地方自治体では「まちづくり」に関連してコンサルタント等の専門家を派遣する制度を設けているが、これは「まちづくり」を実践する過程の中で専門家が一定の役割を果たすことを前提としているからである。

長田区の野田北部地区で震災の前から「まちづくり」に係わってきたコンサルタントの森崎輝行氏は「震災復興まちづくりの中での自分達の役割の中心は、漢字の世界の言葉を日常の言葉に通訳することだった。つまり、役所の人の言うことを一般の人に分かりやすく説明し、一般の人の思いを役所の人に伝えることだった。」と述べている。

「まちづくり」の現場で求められていたのは、まさにこのような専門家の支援だったのである。例えば震災復興土地区画整理事業の事業地区には地元のまちづくり協議会からの求めに応じて、神戸市から「こうべまちづくりセンター」を通してコンサルタントが派遣された。コンサルタントは「まちづくり協議会」の運営や当該地区の「まちづくりイメージ」を具体化させた「まちづくり提案」の作成を支援した。そして、神戸市では、この「まちづくり提案」を極力事業計画に反映させることによって住民の意向を取り入れた。この過程で専門家は行政と住民を繋ぐ通訳としての役割を果たしたと言うことができる。

さらに専門家はコーディネーターとしての役割をも果たしていた。自治体職員も一種の専門家ではあるが、行政と住民の間に立つコーディネーターとして機能することは難しい。行政施策を執行する場合、行政庁は優越する意思の主体として住民に対するという構造が基本にあり、実際の執行にあたる自治体職員が行政と住民の間に立って合意形成をコーディネートすることは極めて難しい。また「公権力の行使」を前提としないで私人間の権利調整に依存することになる事業（例えば、優良建築物等整備事業、小規模建築物共同化事業等）においては、自治体職員の動き得る範囲は一層限られたものとなる。なぜならば、権利者間の合意形成の過程は一種の政治的統合のプロセスに他ならないからである。そして、ここでは専門家の果たす役割がますます大きくなるのである。

5　復興過程における専門家の役割

まちづくりセンターからの派遣事例に即して言えば、共同再建（建築物共同化・マンション再建）等の過程における専門家の役割はおおよそ次のように整理することができる。

①　情報の提供

法務・税務情報や建築に関わる技術情報、共同再建に対する公的支援制度や手法に関する情報、事業採算に関わる市場動向や金融関連情報等、共同再建を前に進めていくためには、膨大で多様な専門的情報が不可欠である。特に初動期段階では、専門家から提供される各種の情報に対する期待が住民の間で大きいように見受けられる。

② 現況把握と課題発見の支援

課題解決のプロセスは、現況を正確につかむことから始まる。地域の現況や権利関係さらには権利者の意向等を調査し、正しく把握したうえで、共同再建に関係する様々な変数を考慮・勘案しながら、課題解決の具体的な方策が見つけ出されていくことになる。ここでも専門家による技術的支援は重要な役割を演じている。

③ 権利者間の連絡調整の支援

共同再建においては、権利者間の調整をどれだけ円滑に進めていけるかが重要なポイントであり、各専門家は再建組合等の総会、役員会等の運営支援やニューズレター、会報の発行支援等をはじめ、権利者間の連絡調整に当たる事実上の事務局の役割を果たしている。

④ 相談・コンサルテーション

共同再建やまちづくり計画の策定にあたっては、個別の事情に応じたきめ細かな対応が必要であり、刻々と変化する状況を常に的確につかんでおく必要がある。その意味で権利者からの様々な疑問に答え、一緒に具体的な解決策を探っていく相談者としての専門家の役割に対しても権利者からは大きな期待が寄せられているようである。

⑤ 計画案の作成と提示

計画案（素案レベルのもの）を作成し、これを提示することも復興支援プロセスの初動期における専門家の重要な役割の一つである。

6　コンテンツの専門家とプロセスの専門家

まちづくりセンターからの専門家派遣は、すまい・まちづくりのプロセスの比較的初動期段階に位置づけられる。専門家が権利者の合意形成過程で果たしている役割は、前節で触れたとおりであるが、機能面から見ると、①コンテンツの専門家と②プロセスの専門家という二つの機能に集約できると考える。

まず、コンテンツの専門家とは、それぞれの専門領域（建築、都市計画、法律、税務等）について深い知識と経験を持つ専門家であり、一般に専門家という言葉から思い浮かべるイメージに近い。次にプロセスの専門家とは、全体の合意形成に向けて複数の当事者の参加する過程（プロセス）の流れを円滑に進める役割を担う専門家であり、これまであまり明確に意識されてこなかった職能である。

すまい・まちづくりの問題は、取り扱うべき範囲が非常に広いだけではなく、多種多様な当事者の利害の調整にも踏み込む必要があるなど、取り扱うべき変数が多く、しかも多元的で奥が深いという特徴を持っている。そして、このような問題に立ち向かうには、各方面の幅広くしかも深い知識だけでなく、それらの知識をうまく結び合わせて合意形成のプロセスを進めていくスキルが不可欠である。まちづくりセンターからの派遣事例においても、各専門家はこの二つの機能を巧みに使い分けているように思われる。

したがって、これからの「すまい・まちづくり」を円滑に進めていくためには、第一にプロセスの専門家としてのスキルを持った人材を多く育成すること、第二に合意形成プロセスを多角的に研究し、より効果的なプレゼンテーションの方法や合意形成のための技法等を開発することに一層の努力を傾注していく必要がある。

7　プロセス管理の専門性

震災以後、当初の予想を上回るスピードでマンション再建や建築物共同化等の住宅再建が進んだ。これはひとえに関係住民による懸命の努力の成果であるが、専門家、事業者、行政の連携が比較的円滑に進んだことも、高い事業化率を支えた要素としてあげることができる。住宅の共同再建プロセスは、個々の関係住民からすると長くて複雑な過程を辿らざるを得ない。事業採算性を確保しながら、関係者の合意が得られる事業スキームを組み立てるには多方面にわたる情報の集積はもちろんのこと総合的なプロセス管理が求められる。

住宅再建を目指す住民団体（マンション管理組合、再建組合等）が事業を進めるためには、関係法令による規制に適合するだけに止まらず、行政が提供する各種の支援策等を熟知して最適の事業スキームを組み立て、関係住民の合意を取り付ける必要がある。具体的に言えば、再建組合等のリーダーは、コンサルタントの支援を受けながら、公的な補助や助成制度を最大限活用し、住民の負担を軽減できる最適の事業計画を組み立てたうえで、再建組合等の役員会、理事会や総会の議事手続の流れをコントロールし、団体としての意思形成を図っていく必要に迫られる。このような一連の手続を無難に乗り切るためには、各種の専門家や事業者さらには行政による支援制度の緊密な連携が不可欠であり、プロセス管理の専門性が求められる。

つまり、合意形成に向けて具体的に手続を組み立て、手順通りに手続を進めていく専門性が重要な意味を持ってくるのである。例えば、区分所有法に基づく再建決議に辿り着くまでには多くの手続を適切に進めていく必要がある。手続に瑕疵があれば、決議の有効性をめぐって新たな紛争を生じる可能性もある。マンション再建や建築物の共同化を進める「小さなコミュニティ」（管理組合や再建組合等）の独自ルールづくりの手順、手続をどのように進めていくのかが大きな課題となってくるのであり、建築系のコンサルタントだけでなく、法的手続の専門家である弁護士や税務、会計の専門家である税理士や会計士等の広範囲の専門家の協力が不可欠の要素となってくる。

共同再建の合意形成プロセスを円滑に進めるには、各種の公的助成制度等の活用と共同再建を事業として進める事業者の協力が必須の要素であり、住民、事業者、行政をつなぐ専門家の働きが大きな役割を果たしている。

［表10］　アンケートに寄せられた主な意見

積極的な評価	否定的な評価
・離散している権利者の意向集約に役立った。 ・権利者への広報に役立った。(専門家に会議議事録作成、ニュース発行などの事務局機能を担ってもらった。) ・再建計画の立案と検討に専門家の提供する資料が有効であった。 ・中立の立場からの専門的なアドバイスが有益であった。 ・多様な知識・経験を提供してもらった。 ・バラバラになりがちな中で冷静に方向づけをしてもらった。 ・何回も足を運んでもらいお世話になった。 ・キメ細かく、親切な指導を受けた。 ・誠意ある対応に感謝している。 ・努力に感謝している。 ・この制度をもっと多くの人に知ってもらって活用すべきである。 ・権利者の不安や迷いを打ち消す上で役立った。	・専門知識が不十分 ・多くのケースを持ち過ぎて対応が散漫 ・住民相互の意見の調整を期待したが、そこまで踏み込んでもらえなかった。 ・いろいろな専門家の支援がほしかった。 ・行政側の提案に押し切られていた。 ・片手間仕事で誠意が感じられなかった。 ・十分な時間を取ってくれなかった。

8　派遣先の住民団体からの専門家派遣制度に対する評価

専門家派遣制度がどの程度共同再建に役立ったのかを正確に計測することは困難であるが、センターでは、制度発足から一年を経た一九九六年の五月に専門家を派遣した住民団体を対象にアンケートを実施しているので、寄せられた主な意見を紹介しておきたい（**表10**）。

なお、地域における「まちづくり」を考えるためには「まちづくり協議会」や住宅共同再建に取り組んだ「再建組合」等の動きにもっと踏み込み、住民の側の物語を検討することも必要となるが、ここではその必要性を指摘するに止めておきたい。

八　まちづくり人材育成の試み——プロジェクト型の事業へ

震災以降大きく展開することとなったセンターの「まちづくり人材」育成の試みに目を転じることとしたい。ここでは、プロジェクトチームに関わる二つの事例をとりあげて記述する。

1　専門家向け「まちづくり大学専門講座」

センターでは、発足当初から「まちづくり人材」の育成を事業の大きな柱としていたが、震災以前は市民向けの教養講座的プログラムしか実施していなかった。震災の後「こうべすまいまちづくり人材センター」の専門家派遣事業が始まり、コンサルタントが地域に派遣された。この過程でコンサルタントから「震災バージョンの補助制度等の内容がよく分からない。また、各地の取り組み状況も分かればありがたい。研修なり説明会なりしてもらいたい。」という要望が寄せられるようになった。この件は「すまい・まちづくり人材センター連絡会」（一九七頁参照）で取り上げられ、専門家向けのまちづくり大学専門講座を開講することになった。

そして、都市計画局のY係長から「いきいき下町推進協議会」の協力を得て講座運営を行う提案があった。（「いきいき下町推進協議会」は、神戸大学工学部の安田丑作教授を会長にコンサルタント、コープ神戸、民間事業者、住宅都市整備公団、神戸市等をメンバーとする一種の連絡会組織で兵庫県建築士会が事務局を担当している。）

住宅局住環境整備課のG係長が「いきいき下町推進協議会」との交渉に当たり、その協力が得られることになった。一九九六年一〇月から「いきいき下町推進協議会」及び神戸大学工学部安田研究室の協力を得て、若手コンサルタントを主な対象とする専門講座が始まった。震災以降に採用された各種の支援メニュー（特例措置等も含む）、市街地再開発事業や借地・借家等に関する法律問題さらには具体的な成功事例等を専門家に紹介しようとするもので、年間六回の講座が開講された。

この専門講座の最大の特徴は外部の専門家・団体の協力を得て実施しているところにある。本講座を実施するために、センター職員、市職員、建築士会所属の専門家及び神戸大学工学部安田研究室のメンバーで構成されるプロジェクトチームが編成されている。プロジェクトチームは、講座の内容、運営方法等を決定するとともに、当日の受付、司会等の実際の講座運営にも携わっている。センターの少数のスタッフ（課長級一、係長級一、担当二）だけでは十分に手が回らないため、言わば窮余の一策として始められたことだが、時間の経過とともに外部人材を活用する方式として着実に定着してきている。

外部団体の協力を得たプロジェクトチームの利点は、①動員力②機動力③総合力であった。内部資源にのみ依存するよりは大きな動員力や総合力が発揮された。例えば、受講生の募集についても建築士会等の協力を得ることで受講生の安定確保に道を開くことができたし、講義内容の報告書作成についても神戸大学工学部安田研究室の協力を得て内容の充実を図ることが可能となった。

いずれにしても、今後、行政内部ですべての問題に対応していくことは難しくなると思われる。このため、人材の育成や政策立案等のエリアでは専門家集団や大学等との協働が進められていく可能性が極めて高い。したがって、これからの自治体にとっては、必要に応じて外部専門家等との協働を進めることができる能力を備えているかどうかが問われることになるものと思われる。そして、そのためには、組織内外の専門家と円滑にコミュニケーションがとれる人材が不可欠であり、その種の人材の育成に本格的に取り組む必要がある。

2　市民向けの「市民安全まちづくり大学」

次にもう一つの人材育成の試みとして、センターが神戸市から受託している「市民安全まちづくり大学」（入門講座　約二〇〇名、ワークショップ講座　約八〇名）を紹介する。

本プログラムは、一九九七年度から地域コミュニティのリーダー層を主な対象者とし、安全と安心のまちづくりに関する知識を普及させることを目的として実施されている。神戸市市民局、神戸大学都市安全研究センターとの共催事業である。

その実施にあたっては、市民局とまちづくりセンターで構成される事務局を中心に消防局や区役所等の職員から広く運営（企画）メンバーが募集され、プロジェクトチームが組織されている。プロジェクトチームに登録されている市職員は約四〇名であり、このうち常時、打合せ等に参加するコアメンバーは、約一五名であった。コアメンバーの多くは住宅供給公社のN係長、市民局のTK係長等、ワークショップの経験豊かな職員で占められ、その他も職員研修所が実施した「職員ワークショップ研修」に参加した経験のある者が多く、TK係長が一本釣りで集めてきたというのが実情に近い。センターのAもTKとは旧知の間柄であり、何回かワークショップのスタッフとして一緒に仕事をした経験があった。基本的にはプロジェクトチームのメンバーは一種のボランティアとして打ち合わせ等はすべて時間外に行われた。

防災ワークショップの実施については、産業技術短大の児玉義郎助教授の指導を受けながら二週間に一回程度、右記のメンバーとコンサルタントが一堂に会して、進行手順、用意する文房具、記録方法等について詳細な打ち合わせを行った。このような形でプロジェクトチームを構成する方式は、多彩な人材を確保するうえで有効であるばかりか、若手職員に対して各種の専門技法等を学ぶための実地研修の機会を提供するという面でも優れた効果を発揮している。また、職員によっては本務で接触することの少ない学生や住民等と直接コミュニケーションを取るための技能を磨く絶好の機会となっていた。

特にワークショップについては、各地の自治体で「住民参加のまちづくり」を進める技法の一つとして最近大きな注目を集めている。ワークショップの技法をここで詳しく述べる余裕はないが、市民、専門家、行政職員が協動して、例えば公園づくりのプランを作成したり、まちおこしのアイデアをまとめたりするような場面で成果をあげてきている。市民安全まちづくり大学でも「コミュニティ安全マップづくり」、「防災まち歩き」等をテーマにワークショップに取り組んだ実績がある。

ワークショップを進めるには、司会進行に当たるファシリテータの他に多数の支援スタッフが必要であり、また、事前の周到な準備も必要である。しかし、参加者に主体的に参加をしたという実感を持って帰ってもらうことができれば、かけた手間や労力は十分に報われるものである。実際にワークショップに参加した受講者からは、一方的に話を聞くだけではなく、自分の意見も伝えることができたことや他人の意見との違いなどが良く分かったこと等、概ね好意的な反応が返ってきている。また、自治体職員にとってもワークショップに参加することで、ワークショップ技法に習熟できるだけでなく、住民、専門家との協動の具体的なイメージをつかむことができる効果があると言えよう。

第四章　ルーティンからケースへ

一　二つの事例のまとめ

最後に、以上のケースから読み取ることのできる含意を示しておくことにしたい。

① 事業の全局面は、決して同じ重みを持っているわけではない。最初の立ち上げの段階と最後の撤収の段階が一番難しい。中間の成長・安定期では業務は定型化しており、一般に緊張感が次第に薄れていくものである。その安定軌道を揺るがす大変動にどのように対処できるかが現在のような変化の激しい時代の最大の課題であるといえよう。

② ここで取り上げた事例は、通常の自治体業務の中では特殊な部類に入るため、必ずしも一般化はできないかもしれない。ことに避難所業務や学生ボランティアの受け入れなどの業務は、立ち上げ期とほとんど時を移さず終息期を迎えるという意味では異例中の異例の事例であろう。しかし、それでも、その抽象度を上げていけば、一般の事例に応用可能な知恵やスキルを抽出することができる。そして、職員がその種の知恵やスキルを身につけるうえで最も役に立つのが、「立ち上げ期に注目したエスノグラフィー」である。

③　事業の立ち上げには多くのエネルギーが必要である。そして、そこには見えないものを形あるものに変換していく一定の技法や基本的なパターンがある。最も重要な点は事業の明確な定義である。センターの事例に即して言えば、震災以前のセンターの「事業の定義」は、極めてあいまいであったが、震災以後、「復興まちづくりの支援」を軸に具体的に取り組んでいく事業を次々に明確化していった。組織目標が明確でないと具体的なプログラムは組めない。明確なスケジュールに基づいて限られた資源を時間と空間に配置して始めて事業は動き出すのである。

④　以上のことと併せて、これらの事例を通して自治体職員の資質向上の問題が浮び上がってきたようにも思われる。これからは山積する課題を解決するために様々の資源を組み合せて、問題解決のフレームをデザインし、マネジメントができる職員が求められている。

つまり、地方自治体の職員にとっても、ゼネラルマネージャーとしての資質が問われる時代を迎えているのである。コッター（一九八四）は、ゼネラルマネージャーの特徴の一つとして各種の専門家を動員し得る能力をあげているが（六〇頁）、自治体行政においても専門家、市民事業家、ＮＰＯ等の諸資源と連携を取りながら、具体的な問題解決のマネジメントができるスキルを身につけたゼネラルマネージャー型職員の養成が緊急の課題となっている。今後、自治体における人的資源開発の考え方や人事政策等の大胆な見直しが必要となって来よう。

⑤　ここで取り上げたケースは、いずれも新しい制度や業務の立ち上げに関する一種のプロジェク

トチームである。住民の多様なニーズに応えるためには組織横断的な対応が不可欠であり、プロジェクトチーム方式は相当の有効性を発揮し得る。しかし、プロジェクトチーム方式は、広く人材を集め、機動的な対応が可能となる利点を持つ半面、運用の方法如何によっては、相応しい人材も集まらず、単に時間を浪費しただけで具体的な事業に結び付けることもできないという危険性もはらんでいる。

公営住宅管理の事例及びセンターの事例から、プロジェクトチーム成功のカギは具体性にあり、明確な目標のもとに事業化に具体的に取り組まない限り、プロジェクトチームは機能しないということを読み取ることができる。

現代の地方自治体の変容とともにこのような業務が拡大してきている。次に、節を改めて、この種の業務の特徴を「ルーティンからケースへ」という観点から、やや一般的にとらえる試みを行おう。

二　地方自治体におけるマネジメントスキルの必要性

第一部において、地方自治体を取り巻く環境が大きく変わってきている事情を見てきた。もはや、地方自治体の業務は、所与の達成目標に向かって数字を上げることだけでこと足りる訳ではない。そして第二部で事例の検討を行った結果から明らかなように、今、地方自治体の職員を悩ませているのは、達成率や進捗率等の数字で表すことのできるルーティンの問題への対応ではなく、容易に達成目標と達成方法を示し得ない問題への対応なのである。

第二部での検討に照らして言うと、そこで求められてくるのは専門性への対応と総合性の確保という矛盾する問題の解決である。この二つの要求を同時に満たすには非常な困難を伴うが、具体的な問題を解決するためには避けて通ることはできないのである。

では、問題解決のプロセスの中で如何にしたら最適の道を選択することができるだろうか。問題を発見し、解決プログラムを作成するには、当然、組織内の学習が必要となる。その場しのぎの問題の先送りではなく、問題と正面から向き合い、解決していくためには具体的に人・物・金の資源を時空に配置していくことが必要であり、資源を動員し、配置するためのマネジメントのスキルが不可欠となってくる。そして、そのスキルを獲得するための学習がなされなければならない。

三　マネジメントスキルの未成熟

地方自治体の現場は事例研究が示唆しているように問題解決プロセスのマネジメントにはほとんど習熟していないのが実状である。まず、問題点の発見そのものが上手く行われないことが多いし、問題解決の手法や資源に対する理解も乏しい。さらに具体的なケース処理に関するノウハウやスキルも、ほとんど現場には蓄積されていない場合が多い。これは何故であろうか。

1　ダブルループ学習

もともと現場サイドの組織は、所与の達成目標に向かって機械的に事務を処理していくのに適合するようにデザインされることが多く、その結果として、現場の学習はC.Argyris（一九九四）の言うシングルループ学習となっている。

C.Argyris（一九九四）は組織における学習にシングル・ループ学習とダブル・ループ学習の二つの形態があることを強調し、次のように述べている。「シングル・ループ学習では一つの答えしか出てこないような問いかけに終始する。私の好きな喩で言えば、サーモスタットである。サーモスタットは設定温度と室温とを比べながら、室温が設定温度に近づくように熱源のスイッチを入れたり切ったりして室温を調整していく。すべては設定温度と室温とのバイナリーな関係だけで処理される。」（七八頁）これに対して「ダブル・ループ学習では、室温を一定に保つうえで現在の設定温度が最も効果的であるか（室温設定の妥当性）、もしそうだとして、手元の熱源は室温を設定温度に近づけるのに最も効果をあげ得るのかどうか（熱源の妥当性）を問う。ダブル・ループ学習のプロセスは、まず、現在の設定温度が選択された理由を問うことから始まる。言い換えれば、ダブル・ループ学習は対象となっている事実について問いかけを発するだけでなく、それらの事実の背後にある理由や目的についても問題とするのである。」（七九頁）

まさに現場サイドの学習はC.Argyrisの言う「シングルループ学習」であり、決まりきった達成目標を決まりきった手順に従って処理していくに相応しい形態を取っているのである。そればかりか多くの地方自治体（少なくとも神戸市では）においては、ダブルループ学習のプロセスに対してほとんど関心が払われてこなかった。例えば、職員研修では行政法や地方自治法に関する学部レベルの講義を主体とするカリキュラムが組まれている。最近、事例研究的なプログラム取り入れる等、工夫の跡は窺えるが、基本的には基礎教養を身につけさせるレベルに終始している。

しかし、これまでの検討で見てきた通り地方自治体の現場では「ダブルループ学習」に対応することが求められてきている。つまり、目標の正当性を疑うことから始まり、新たに問題を発見し、最適の解決策を導き出すような組織内学習が喫緊の課題となっている。

事例研究の中でも強調したが、この種の学習は、具体的に問題に取り組まない限り、理解が難しい性格を強く持っている。総論的なアプローチでは決して解決に辿り着けない。特に住宅管理の事例で総論的な議論に終始している時は、具体的な問題処理ができていなかったことを想起すれば、このことは明らかであろう。

この種の学習の単位は「ケース」である。これまでの目標は「ルーティン」の習熟であったが、これからは「ケース」の処理にならなければならない。それとともに必要となるのが専門家との協働である。もともと地方自治体の研修体系では、「ケース」を実際に処理できる専門家養成の視点は極めて希薄であった。また、弁護士、会計士、コンサルタント等の外部専門家との連携も現場サイドの業務の中では必ずしも十分とは言えない。

本書の全体を通して強調してきた組織境界面の変化を特徴付けるのは「ルーティン」から「ケース」への移行であり、組織内の学習形態としては「シングルループ学習」から「ダブルループ学習」へという展開である。現場における問題解決プロセスの重心がケース処理に移行するにつれて各種の専門家との協働や多彩な専門家を交えたプロジェクトチームの運営が日常的な仕事の中心に位置するようになってくる。そうなると境界的アクターとしての職員には、ストリートレベルの官僚に求められていたのとは異なる新たなスキルが必要となる。それは、多種多様な専門家、住民等との円滑なコミュニケーション能力であり、一種の資源動員の能力である。以下、専門家との協働の課題について考えてみることにしたい。

四　専門家との協働のために必要とされる知識の質

専門家との協働を進めるためには、用語、制度、法律等に関する共通理解の基盤が必要である。第二部「まちづくりセンター」の事例の中で、学生ボランティアの受け入れの業務を紹介したようにセンター側の職員と学生の双方に共通理解のできる基礎があったからこそ、マニュアルの作成に始まるその後の業務が円滑に進んでいったことは重要なポイントである。

現場が求めているのは、総論的な知識ではなく、具体的なケースを単位とする問題解決の技法であり、知恵である。公営住宅管理の事例で言えば、訴訟を前提に相手方と交渉している際の記録の取り方、弁護士への報告の仕方、公務執行中に発生するトラブルへの対処法等であり、あるいは、「まちづくりセンター」の事例で言えば、共同再建支援に関する制度設計、ボランティア受け入れのプログラム作成法、外部専門家とのコミュニケーションの取り方等である。これらの知識は極めて具体的で、一連の流れをシナリオとして表現できるような特性を有している。

第二部のエスノグラフィーは、現場（あるいは全庁的に）で決定的に欠落しているのがこの種の具体的な知識であり、それらを総合して解決策を組み立てていくマネジメントのスキルが系統的に共有されていないことを示している。これは環境が急激に変化をしているのに、人材育成の面でそれに追いついていないことの反映である。地方自治体が地域における政策主体としての地歩をしっかりと固めるためには、問題解決プロセスのマネジメント能力を高める必要があり、最終的には高度の専門能力を有する人材を育成することが不可欠となってくる。

地方自治体における現在の人的資源開発政策は残念ながら極めて貧弱であり、現行の研修プログラムでは問題解決に役立つ人材を育てることは到底できない。この状況から抜け出す第一歩は現場の状況を正確に把握することであり、問題発見、解決策のデザイン等の知恵を具体的な実践の中から抽出し、職員の内発的な学習意欲を喚起することである。したがって、効果的な組織内学習を支援するための教授法や教材等の開発が今後の課題となってこよう。

五　組織境界面の変化とエスノグラフィーの必要性

組織境界面に位置する現代地方自治体現場が必ずしもリプスキーモデルの描き出している第一線職員及び第一線機関の特徴を示していないことは、これまで述べてきた通りである。今日、地方自治体の現場では「境界的アクター」としての職員の役割を再定義する必要を示す状況が随所で見受けられる。

しかし、仕事のスタイルやイメージは急には変わらない。環境の変化と職員や市民の意識とのずれが多くの不具合を生み出していると言えよう。S.R.Barley（一九九六）は「仕事に関する常識は産業革命時代の遺物である。」（四〇六頁）と指摘し、農民のイメージを例にあげて「米国における一般的な農民のイメージは、日の出から日没に至るまで少数の雇人と家族とともに畑で働く独立自営の公式教育は受けていないが、作物、土壌、家畜等に関する該博な知識を持つ者ということになるが、今日の大部分の農民は農業ビジネス企業から耕作を任された請負人であり、大学教育を受け、科学知識とコンピュータを用いた経営に習熟した人々である。」（四〇七頁）と述べている。

これと同様に地方自治体現場の職員についての一般的なイメージも現実の姿を反映しないステレオタイプ化された一種の戯画になってしまっている。地方自治体現場の職員は決してルーティンの細切れ作業を機械的に処理している訳ではない。より複雑な問題を解くために日々苦闘しているのである。

先に述べたように、このような現場職員を支援するためのシステムや教育プログラムはこれまでほとんど開発されて来なかった。現場サイドが必要としている情報はほとんど提供されず、抽象的な議論に終始していたのである。現場の具体的なケース処理に役立つ実際的な知識の獲得と学習にエスノグラフィーが有効であることを本書は示した。職員が問題解決プロセスの実態を的確に把握し、ケース処理に役立つ実践的な知恵を得るための最適の方法はエスノグラフィーである。企業組織に関しては優れたエスノグラフィーが数多く行われているが、行政組織を対象としたエスノグラフィーはほとんど例を見ない。

問題を正確に把握し、解決策をプログラムするプロセスは具体的な実態を掴むことから始まる。抽象的な総論レベルの議論をどれほど続けても、問題点の整理すら満足にできないであろう。個別具体的にケース処理の手順・手続を組立て、関係する各人の役割が決まって始めて問題解決のプロセスは始まっていく。

そして、先に述べたように住民に密着した現場情報の重要性が高まるにつれて、行政の世界でも質の高いケースデータに対する需要が増大してくるものと思われる。特に地方分権の進展に伴って地方自治体の政策立案能力が問われる時代がすぐそこまで来ており、政策立案の基礎資料としてのケースデータの重要性は高まる一方である。行政版エスノグラフィーの方法論の確立と優れたライターの育成が大きな課題にならざるを得ない。

六　人的資源の重要性

第二部全体のまとめから見えてくるのは、人的資源の決定的な重要性である。第二部では、住宅管理、震災以後の緊急対応業務の事例を取り上げて、現代地方自治組織の現場における業務についてエスノグラフィカルなアプローチを試みた。そこで取り上げた二つのケースは互いに質的に異なっているため、一律に論じることは難しいが、その共通の知見の一つは、境界的アクターとしての地方自治体職員に期待される役割の変容だと考える。

今日の地方自治体は実に多様な事務を処理しており、ますます多様な事務に対処する必要が生じてきている。それらの事務は異質な要素を含んでおり、このような状況の下では、あらゆる場合に妥当する組織モデル等は有り得ない。それぞれの状況に最も相応しい組織形態があるのみである。したがって、現場の置かれている環境に合わせて最適のマネジメントスタイルを探り当てる努力が必要である。その際、最も重要な鍵を握っているのが個々の職員であることは第二部の全体の記述から読み取ることができる。

神戸市のコンパクトシティ研究会(10)のメンバーであるTK係長は筆者に「仕事の仕方が変われば、組織は変わる」と語ってくれたが、「組織は戦略に従う」というチャンドラーの有名な言葉にも通じる洞察を含んでいる。問題は戦略の組み立てと職員のモチベーションの確保である。状況に適合しない戦略をもとに組み立てられた政策は、現場の第一線職員に無用の負担を強いることになる。

したがって、今後、地方自治体における人的資源管理戦略の中で現場事務の形態を詳しく評価し、その形態に最も適したマネジメントスタイルと人材を投入できるシステムの開発が重要な位置を占めることになろう。つまり、事務の類型に応じて最適の人材を投入し、各職員のスキルアップを支援できるようなマネジメントが求められているのである。

従来、多くの地方自治体で見受けられた機械的なローテーションシステムではなく、各職員の適性や資質に応じて各職員が最も得意とする分野の専門性を高めていくような人的資源管理政策が今後必要となって来よう。

第三部では、人的資源を開発するための条件について検討することにしよう。

（8）口頭弁論終結後の承継人

「既判力の標準時後に訴訟物である権利関係についての地位を当事者（前主）から承継した第三者は、

前主の相手方当事者との間で当事者間に下された判決の既判力を受ける。さもないと敗訴当事者がその訴訟物たる権利関係またはこれについての法的地位を第三者に処分することによって当事者間の訴訟の結果が無駄になり、訴訟による紛争解決の実効性は確保されないことになる。しかも、訴訟物たる権利義務、またはこれについての法的地位を前主から承継した者は、権利義務や法的地位とともに、これについての既判力を引き継ぐとしても、その者の利益を不当に害したことにはならないと考えられる。」（中野貞一郎＝松浦馨＝鈴木正裕編、一九八六、四五八頁）

（9）手続的知識と宣言的知識

問題の解決に当たって人は様々な知識経験を組み合わせて取り組むことになる。ガニエ（一九八九）は次のように述べている。「どのような分野においても熟練した人は、そうでない人と比べると、どんな場面で何をしたらいいか（これを手続的知識という。）を実によく知っている。つまりどのような知識が必要か、どのような情報に注目すべきかについての特別の規則を持っているのである。」（一四七頁）

つまり、具体的な問題の解決に当たっては、手続的知識が重要な意味を持っているということである。一般に我々は、一定のスクリプト（いくつかの場面の系列からなる標準的な出来事についてのスキーマのことをいう。［鈴木宏昭、一九八九、一六四頁］）を無意識のうちに組立て、それに従って行動しているといわれている。例えばレストランで食事をするとか、図書館で本を借りるとか、具体的に行動する場合には行動の流れをあらかじめ思い描くことができるが、これは過去の経験から、一定のスクリプトを組み立てることができるからである。そして、熟達した人は多くの情報を持っているだけではなく、それらを問題の場面状況に合わせて組み立てる高度の能力を持っているのである。

個々の問題を解決するに当たって、スクリプトが組み立てられ、実践を通してそのスクリプトはさらに精緻化していく。一つのことに習熟することで手続的知識はその厚みを増していくのである。D.C.Berliner（一九八六）は次のように述べている。「優れたスポーツ選手や音楽家は一週間に二五時間から五〇時間と言う大変な量の練習をこなして技能習得に努めるが、一旦、意識せずに自動的に手足が動くような段階にまで習熟すれば、あまり苦労せずにその技能を維持できるようになる。これこそが大事な点であり、技能習熟が仕事の手間を省いてくれるのである。」（六頁）実務家が自らの仕事に習熟していく過程も同様である。様々な失敗を重ね、苦労する中で手続的知識を体制化し、自らのものとしていくのである。

他方、知識のタイプにはもう一つ別の宣言的知識といわれるものがある。「宣言的知識とは、あるケース（場合）が何であるかを述べたものであり、命題で表象されている。」（ガニエ、一九八九、四八頁）通常、学校教育や職員研修の場における学習は宣言的知識の獲得を目的としていることが多い。しかし、問題解決に役立つ実際的な知識は手続的知識であることが多い。

(10) こうべまちづくりセンターでは、センターの登録専門家、大学、研究機関及び職員等、各方面の人材を活用し、まちづくり研究に取り組むための受け皿として「まちづくり研究員制度」を発足させ、その事務局機能を担っている。一九九九年度には「まちづくり研究員制度」運用の一環として、神戸市都市計画局に所属する主に係長級の職員でプロジェクトチーム「神戸市コンパクトシティ研究会」を組織し、英国の論文集"The Compact City A Sustainable Urban Form?"の翻訳に取り組んだ。論文集の内容は英国、オーストラリア等におけるコンパクトシティに関する議論を整理したもので、「持続可能な都市」の実現にコンパクトシティ政策が妥当性を有するかどうかについて賛否両論の立場から議論が展開されている。

プロジェクトチームのメンバーは一二名で、名城大学都市情報学部助教授 海道清信氏の指導を受けながら作業を行った。各人は割り当てられた三〇～四〇頁を翻訳し、全体の編集作業は神戸市都市計画局アーバンデザイン室のN主幹が当たった。連絡調整の会議は、もっぱら時間外に行われ、翻訳作業も大部分は各自宅で行われた。

多忙な本務の傍ら翻訳作業に取り組むことはメンバー各人にはかなりの負担であったが、何とか作業を終了し、「コンパクトシティー持続可能な都市形態を求めて」という邦題をつけて出版することができた。（ジェンクス・M.、バートン・E. 他編集、二〇〇〇）

第三部　新たな地方自治体職員像に向けて

第一章　変革の中の地方自治体と職員

一　社会管理の専門化・技術化の進展

現代社会を特徴づけるキーワードの一つは専門性・技術性である。ＩＴ革命を支える情報関連技術だけでなく、バイオ、医薬、機械金属、建設、輸送機器等、産業のあらゆる分野で技術革新が急激に進んできている。さらに物流やサービスの面でもＳＣＭ（サプライチェーンマネージメント）やe-コマースの導入に見られるように高度のシステム化が随所で進められている。そして、高度の専門性・技術性に対応していくことが現代組織運営の必須の条件となりつつある。

地方自治体も好むと好まざるとに拘わらず、技術革新の流れに飲み込まれ、各地の地方自治体で住民基本台帳システムや会計システムをはじめ業務の機械化が急速に進んでいる。また、ホームページによる情報提供や電子会議室の運営等、インターネット時代に即応したサービスを提供している地方自治体も多数にのぼっている。

さらに企業誘致、産業振興等の分野では、企業の国際戦略、マーケティング、キャッシュフロー分析等の知識も必要となるなど、これまでの地方行政の埒外にあった部分への対応も必要となっている。これが、情報化、国際化時代の実相である。社会が大きく変わっている時に地方自治体だけが旧態依然としておられないのは当然の成り行きと言えよう。根拠となる事業法と法制執務に関する若干の知識だけを頼りに前例踏襲を基本として事務を処理するという従来型のやり方は、不確実性水準の高くなった現在の地方行政にはもはや通用しない。

そして、情報化、国際化という社会環境の変化に地方自治体内部の資源だけで立ち向かうことは現実には非常に困難となってきている。そこで問題となってくるのが専門性・技術性への対応である。地方自治体の取り得る方策としては、外部の専門家を活用する方向と内部職員の専門性の向上を図る方向とが考えられる。第一部及び第二部で取り上げた事例も専門性・技術性への対応の問題に深く関っている。この専門性・技術性に対応するため現代地方自治体現場の職員は組織内外の専門家との協働の方向を模索する必要に迫られているのである。

二　住民・外部専門家等との連携の拡大

今日、社会の専門化・技術化に伴い地方自治体職員にとって、多くの事務執行において、弁護士、会計士、弁理士、建築士、各種コンサルタント等、多様な専門職能との協働は不可欠の要素となりつつある。第一部及び第二部において外部専門家等との協働の実例を見たが、地方自治体と外部専門家等との協働の形態は、業務委託から単なるアドバイスの提供に至るまで多種多様である。

阪神淡路大震災以降、神戸では震災復興の「まちづくり」のプロセスを通して、外部専門家が地方自治体と住民の通訳としての役割を果たし、行政、住民、事業者のコミュニケーションの円滑な進行に貢献した事実が観察できた。震災復興の共同再建等の場面では、専門性の発揮と統合という相反するニーズに応えるための工夫が住民や専門家によって行われ、行政の担当者もそれに応えるという事例が多く見られた。これらの事例は、住民、専門家、事業者、行政が協働することで専門性・技術性に対応しながら、地域の問題解決に取り組む具体的な方策のヒントとなるものと考えられる。

また、近年、多くの地方自治体が取り組んでいる外国企業の誘致を例に取れば、渉外弁護士事務所の支援は不可欠である。施設への入居契約書の外国語訳から始まって具体的な交渉に至るまで経験豊富な渉外弁護士事務所の助けが無いと、円滑な事務の遂行は難しくなる。この他にも医療、環境、福祉等、専門家の支援を仰がないと対応できない問題は数多い。このように今日の地方自治体の事業には、これまで考えられなかったような専門家からの支援が必要となってきているのである。

地方自治体職員と外部専門家との連携には多様なパターンがあり、連携・協働の相手方も区々様々である。次に専門家との連携の形態について少し整理をしておきたい。

三　バッファとしての専門家とブローカーとしての専門家

S.R.Barley（一九九六）は専門家の類型として、バッファとしての専門家とブローカーとしての専門家をあげている。（四二一―四二二頁）バッファ型の専門家とは医療技術者のように医師や看護婦等のいわゆるプロフェッショナルとチームを組んで仕事をする専門職であり、バッファ型専門家と他のプロフェッショナルとは同じコミュニティに属し、同じ言葉を語るため通訳機能は必要としない。他方、ブローカー型の専門家はコンピュータの保守技術者のように自分達とは別のコミュニティに属するクライアントに対するサービス提供を主な仕事とする専門職である。ブローカー型専門家とクライアントとの間には共通の言語はなく、二つのコミュニティを繋ぐ通訳機能が不可欠となる。
地方自治体では、バッファ型専門家との協働のパターン（例えば建築職や土木職の職員が外部の同業の専門家と協働する場合）もあるが、むしろ、ブローカー型専門家との協働の方が重要な位置を占めているように思われる。震災復興土地区画整理事業に関連してコンサルタントとして地域へ入った森崎氏は自らの働きを行政と住民を繋ぐ通訳と評しているが、まさにブローカー型専門家の本質に迫る発言である。

現代地方自治体組織の境界面に位置する現場職員は、住民、専門家、事業者等のステークホルダーを繋ぐ役割を期待されており、職員自らもBarleyのいうブローカー型の専門家として地域と行政を繋ぎ合わせていく機能を担う必要が出てきている。そして、このような要求に応えるため、各地で「まちづくり支援センター」が整備されて来ているのであり、この種の動きを地方自治体組織における「境界的アクター」再定義の一環と捉えることも可能である。次に「境界的アクター」としての地方自治体職員と連携協働することの多い大学・研究機関やＮＰＯ団体等との関係を考えていくことにしたい。

四　大学・研究機関との連携

今日、地方自治体職員が政策主体の構成員として政策の立案執行に当たるためには、高度の専門知識や情報が必要となる。地方自治体の内部資源だけでは十分な対応ができない状況になりつつある。したがって、専門知識・経験の収集と体系化に努め、現代社会における情報センターとしての機能を担っている大学・研究機関との連携は地方自治体にとって重要な意味を持っている。第一部及び第二部でも紹介したように地方自治体と大学・研究機関との協働の萌芽は既に全国各地で見られるに至っている。さらに住民、専門家、事業者、行政職員による協働のシステムづくりのためにも大学の果たす役割は決して小さなものではないと思われる。例えば、第二部で取り上げた「市民安全まちづくり大学」や「まちづくり大学専門講座」等の事例は、地方自治体と大学との連携の具体的な試みである。また、大学と自治体の連携によって、学生に現場を実地に経験させる機会を提供することも可能となる。(例えば、まちづくりワークショップの運営支援等を通して、住民や行政職員との協働を体験することができる。)

このような地方自治体と大学・研究機関との協働は、地方自治体にとっては、意欲に燃えたニューカマーを獲得するための効果的なリクルート活動の場と位置づけることもできる。地方自治体が政策集団として変身するための重要な要素は人的資源であり、ワークショップ等の機会を通して地方行政やまちづくり等に関心を持ち、地方公務員への道を志すようになった若者は少なくない。したがって、学生に行政現場の実地体験ができる機会を提供することは積極的な意義を有していると言える。

他方、大学側にとっても、地方自治体との連携にはメリットが有ると思われる。今日、少なくとも政策に関わる研究を行おうとするとき、具体的なフィールドは不可欠の要素となっており、地方自治体や住民等との共同作業には、教育・研究上の大きな効果が期待できるのである。

大学や研究機関との協働において重要な役割を演じることになるのがゲートキーパーとして、地方自治体と大学や研究機関との間を取り持つ職員である。幅広いネットワークを背景に大学や研究者の動向に通じている職員の存在は、地方自治体と大学との協働の成否のカギを握っていると言っても過言ではない。近年、地方自治体職員を含む社会人を学生として受け入れる大学・大学院が増加しているが、社会人大学院生は地方自治体と大学の研究者を繋ぐキーパーソンになり得る。また、大学の研究プロジェクトとして具体的な地方自治体の問題解決に取り組むことも今後は十分に可能性があると思われる。

五　ＮＰＯ、ボランティアとの連携

阪神淡路大震災以後、ボランティア活動や民間非営利団体（ＮＰＯ）に対する関心が急速に高まり、特に一九九八年三月には市民活動団体の法人格取得を容易にする「特定非営利活動促進法（ＮＰＯ法）」が成立する等、ＮＰＯの存在感が急激に増してきている。(11)地域における「まちづくり」の場面でも、ＮＰＯが住民、専門家、行政を繋ぐ役割を果たそうとする事例が見られるようになってきた。

第二部で「こうべまちづくりセンター」における学生ボランティア受け入れの事例を紹介したが、震災直後は、他の現場でも多くのボランティアを受け入れていた。その後、震災ボランティアは潮が引くように姿を消していったが、コーディネーターとしての力量を身につけたＮＰＯが育ってきており、今後、それらのＮＰＯ組織との連携が重要性を増してくるものと思われる。

専門家、市民、ＮＰＯ等の外部資源との連携・協働の中から、地方自治体職員が果たすべき役割に関する新しい展望が開けてくる。それら外部資源と地方自治体またはその職員とのパートナーシップによる政策の策定、実施の試みが各地で始まっている。特定非営利法人「神戸まちづくり研究所」はこうした試みの一例である。神戸まちづくり研究所は阪神淡路大震災以後、復興まちづくりに多方面から係わった「神戸復興塾」を母体として二〇〇〇年三月に発足したＮＰＯ法人である。神戸復興塾は震災以降コンサルタント、建築家、大学教員、ジャーナリスト等、多彩な背景を持つメンバーによって結成され、復興まちづくりに関するシンポジウムの開催、米国ＮＰＯ実態調査の実施等のほか、各メンバーの具体的な取り組みを紹介する研究会を定期的に開く等、地道な活動に取り組んできた。復興塾のこのような経験を踏まえて「まちづくり」に多角的に取り組むＮＰＯ版シンクタンクとして「神戸まちづくり研究所」が創設された。

「神戸まちづくり研究所」では、まちづくり人材の育成や地方自治体からの受託研究に取り組むほか、神戸市によって吾妻小学校跡地に開設された「市民活動総合支援拠点」の一角に入居し、いわゆる中間支援活動として「まちづくりＮＰＯ」育成支援事業（コレクティブオフィスの運営）に取り組んでいる。コレクティブオフィス運営事業の具体的な展開はこれからであるが、地方自治体から施設の提供を受け、NPO法人が具体的な支援事業を行うという新しいタイプの協動の試みとして注目しておきたい。

大学との協働の場合と同様、NPOとの連絡調整にあたる地方自治体の窓口職員に人を得ないと、NPOとの協働は円滑に進まない。「規則一点張りの公務員」タイプの職員が窓口に座ると悲惨な結果となる。ボランタリーの精神を十分に理解することのできる資質と適性を有する職員の配置が決定的に重要な意味を持ってくるのである。

六　地方自治体経営手法の新潮流

近年、地方自治体が相次いで行政評価、PFI、公会計改革に取り組んでいるが、これらの新手法の根底には、ニューパブリックマネージメント（以下「NPM」）の考え方がある。従来型の内部調整に重点を置いた行政運営ではなく、住民を行政サービスの顧客として捉え、顧客（住民）志向の行政経営が模索されている今日、NPM理論に対する関心は大きな高まりを見せている。

しかし、「民間企業における経営理念・手法、さらに成功事例などを可能な限り行政現場に導入することを通じて行政部門の効率化・活性化を図る」（大住荘四郎、一九九九、一頁）ことを核心とするNPMの様々な手法もそれを使いこなすだけの意識と能力を持った職員がいなければ、本来の効果を発揮することはできない。地方自治体組織改革を進めるために多様な地方自治体経営手法を導入する際にも、職員の意識改革と能力の向上は必要不可欠の条件となる。

例えば、最近、各地の地方自治体で真剣な検討が進められているＰＦＩ方式（民間企業に公共施設の建設と運営を任せる方式）においてもプロジェクトを推進する地方自治体の職員に人を得なければ、具体的な進展は望めない。公的セクターの力に限界のあることは、阪神淡路大震災以後の経過を見ても明らかであり、ＰＦＩは、民間の資金と技術・ノウハウを公共施設の整備と運営に導入するための有効な方策となり得る。しかし、ＰＦＩプロジェクトを円滑に立ち上げるためには、民間企業の経営手法に通じた職員の存在が必須の条件となるものと思われる。

また、建設工事等の発注についても、これまでの競争入札方式に止まらず、外郭団体等を活用した性能発注方式等が多用されていくことも考えられる。競争入札方式では入札企業からの入札価格の多寡によって落札企業が決定される。したがって、価格以外の要素は捨象されてしまう。他方、性能発注方式では、施主が示す上限価格の範囲内で必要な性能を満たす企業独自の提案を求めることになり、価格以外の要素も評価の対象となるため、企業に蓄積されたノウハウ、経験等を効率的に導入できる利点があるとされている。現に外郭団体が施工する住宅や業務ビルの建設工事に関して性能発注方式が採用されている事例は多い。この場合も、従来の方式に囚われず、柔軟に新しいスキームを考えることのできる柔軟な感性を持ち、各種の専門家や事業者と十分な意思疎通のできるコミュニケーション能力を有する職員の存在が不可欠の要素となる。

七　プロキシー・ガバメント現象の発生

専門家との協働を進めるに当たって注意すべき点もある。専門家に任せきりにすると公務サービスの実体が地方自治体職員の手からすり抜けてしまう危険性が生じる。民間企業の場合、アウトソーシングは珍しいことではなくなりつつある。内製化するよりもコストが安く便益が上がるのであれば、アウトソーシングは拡大していく。地方自治体の場合も民間への業務委託が各方面で目に付くようになってきている。

しかし、地方自治体の内部において専門性を高める努力を怠ると、プロキシー・ガバメントの問題を生じることが懸念される。つまり、業務のノウハウ、知識経験が地方自治体の内部に蓄積されることなく、民間のコンサルタント等に流れて行き、地方自治体機能の空洞化が進む状況が危惧されている。

今里　滋（一九九七）は「外部の専門家に依存しきり、高度な専門知識は外部にお任せという態度や慣行が蔓延すれば、外部専門家の判断や情報が的確であるのかを、各種の合理性や公益の観点から監査し評価する（auditing and evaluation）能力までが失われかねない。公益を確保する責任を全うするためにも、学習を継続する意欲と環境が、政府職員個人によっても政府自体によっても、強化され整備されなければならないのである。」（二四頁）と述べているが、このような危惧を生む素地が地方自治体の中に拡散しつつあるのは確かである。年配の幹部職員から、以前は自分達がしていた業務を今はコンサルタントがすべて行っており、若い職員は実際に自分の手足を動かすことが少なくなるので、まともなチェックが難しくなっているとの話をしばしば聞かされる。多くの地方自治体の現場で同じような現象が進行中であると思われる。業務に伴うノウハウや知識が行政内部に蓄積されずに外部のコンサルタントに蓄積されると、政府機能そのものが変質してしまうことになるため、的確なコントロールが必要となる。

業務内容の専門化、技術化の進展とともに外部のコンサルタント等への業務の委託は、今後ますます増大が予想されるところであり、地方自治体が行政過程を適切にコントロールするためにも、職員の資質向上と併せて高度な技術・知識への対応を如何に進めていくかが大きな課題となっている。

八　地域情報の収集と地域ニーズへの即応

境界的アクターとしての役割の変化に直面している地方自治体職員が自らの専門性と組織内学習について考える際に忘れてはならないのは、地域についての詳しい知識である。どこに何があって、どこに誰が住んでいるというような情報は、例えば「安全で安心なまちづくり」には欠かすことのできない基礎情報である。そして、この種の情報は現場でなければ手に入らない特徴を色濃く有しており、情報収集のための組織としての対応が必要となる。

福岡市等の地区担当職員制は地域の詳しい情報を収集するための工夫の一つとして位置づけ得る。地域の概況、課題、人脈に関する知識は、地域におけるマネジメントを支える基本情報であり、それらを細切れのデータに止めること無く、地域での政策展開に役立ち得る総合的な情報とすることが大きな課題となっている。

地域情報収集の問題としては、大都市地域の場合、職員の人事異動が頻繁にあるため、一つの地域の情報に通暁した職員を得ることが容易ではないこと、私生活をもある程度犠牲にするほどの熱意を有する担当職員が介在しないと地元住民や専門家とのコミュニケーションが円滑に進まない「まちづくり関連業務の特性」と公務員一般の組織文化（「休まず、遅れず、仕事せず」）とのミスマッチの問題等をあげることができる。

また、担当者が培ったフェイス・トゥ・フェイスの人的なネットワーク（これが最も重要な情報である。）を如何にして組織の中に定着させていくのかという問題もある。これらの点は、特に大都市地域の大規模団体に固有の問題かもしれないが、今後、地方自治体の政策能力を高めるための方策を考える際の一つの課題となろう。

九　プロジェクト組織への展開

もともと行政の専門化に伴い地方自治体の組織は細分化されてきた。これは、責任の所在を明確にし、併せて組織の情報負荷を低減させるためには当然の対応である。しかし、ともすれば縦割りの弊害を招きがちである。このため、縦割りの弊害を解消するための工夫として、第一部で取り上げたプロジェクトチームのような有機的組織が多用される状況が認められる。こうした地方自治体組織の変容の兆しが各地で現れてきている。

特に大規模な地方自治体では組織間の風通しが悪くなりがちであり、地域における総合的な政策を打ち出しにくい傾向が認められる。神戸市を例に取ると、「まちづくり協議会」は都市計画局、「ふれあいのまちづくり協議会」は保健福祉局、自治会は市民局、「防災福祉コミュニティ」は消防局という具合にコミュニティ関連施策の所管局が異なっており、一元的なコミュニティ政策の展開が難しい局面が見受けられる。神戸市では、このような現状を打開するため、各区に区内の事務事業の総合調整を所掌する「まちづくり推進課」を設置（一九八九年）するなど、地域により密着した区の機能を拡大して対処しようとしている。また、福岡市では、地域のコミュニティ活動を支援し、地域の行政ニーズを的確に把握し、市政に反映させるため、一九九六年に地区担当職員制度を発足させている。

この制度は、区の課長級職員が担当地区（小学校区）を受け持ち、地域防災組織の育成・支援及び地域ふれあいネットワーク事業の育成を通して、地域の実状と課題を把握することを目指している。さらに兵庫県生野町でも地域担当職員（管理職以外の若手職員で各課から推薦された者を町長が選任）を導入している事例がある。

以上、紹介したような動きは地域により近い部門のインターフェイス機能を高めることによって、組織としての問題処理能力を向上させる戦略を背景にしている。しかし、神戸市や福岡市の取り組みは必ずしも成功しているとは言えない。区の機能を強化するという方策は合理的であり、政策としての妥当性を有していると評価し得るが、現実の運用の中で、市（本庁）と区の役割分担が不明確なまま第一線の職員に大きな負担がかかるという状況が発生している。第一線の職員をバックアップできる体制の整備と区へのさらなる権限の委譲が望まれる。

プロジェクト型組織は可能性を開くにすぎない。プロジェクト型組織は目標が不明確でメンバー間に主体的な意欲が見られないような場合、非効率化やコンサルタントに牛耳られてしまうプロキシーガバメント現象を引き起こす可能性がある。それに対処するには職員の創造的な対応が必要となってくる。多種多様な現場情報を統合して、効果的な政策立案に活かすことのできる工夫が求められる。そして、第一部で紹介したようにプロジェクトチーム等の取り組みを支えるのは個々の職員であり、職員の意識改革が何にも増して必要となるのである。

例えば兵庫県生野町の地域担当職員は地域住民のプロジェクトチームに参加し、ワークショップ等の手法を用いて各地域における課題に取り組んでいる。生野町では主に若手職員で構成されるプロジェクトチームが意欲的に「まちづくり」に携わっており、職員の意識改革こそが組織変革の最大の要素であることを実感させる。生野町の事例は地域に密着した形で住民ニーズを把握し、地方自治体の政策展開に反映させるための試みであり、「境界的アクター」としての現代地方自治体職員の再定義に関する一つの回答である。今後、このタイプの住民をもメンバーとするプロジェクトチームの運営も多くなることが予想されるため、運営のノウハウやスキルを体系化し、技術として伝播させていく工夫が求められる。このような取り組みは各地で見られるようになっており、住民、事業者、専門家、行政職員による協働の模索が始まっている。そして、これらの試みが究極的には地域のマネジメント能力を高める結果につながっていくのである。

第二章　現代地方自治体の期待される職員像

一　問題解決プロセスにおける職員の重要性

第二部第四章では、現在、地方自治体組織で展開されている変化を「ルーティン」から「ケース」

への移行という観点で捉えた。そこでは、現代地方自治体現場の問題解決プロセスにおいては、「決まりきったルーティンの処理」から「全体として包括性のあるケースの処理」に重心が移りつつあるにも拘わらず、地方自治体の対応が十分に追いついていないと主張し、その原因となる事情を検討した。この検討の中で明らかとなったことの一つは、問題解決プロアセスを具現化し実在化する現代地方自治体職員の「境界的アクター」としての重要性である。

今日、地方自治体が関っている領域は、伝統的な行政法的理解で想定している行政主体と行政客体の関係に収まりきらない部分を多く含んでいる。第二部で事例研究を行ったが、そこからも現代地方行政の多様性を読み取ることができる。現代地方行政の多様な展開は環境の変化を色濃く反映しており、今後、さらに多様化する様相を示している。地方自治体の事務が多様になればなるほど、法規で一義的にすべてを定めることは難しくなる。そして、行政が「法規」の（機械的な）執行過程であるという理解は、少なくとも地方自治体に関する限り、ますます実態から乖離していくことになる。このような過程を経て「ルーティン」から「ケース」へという重心の移行がより鮮明に現れてくのである。

明確な準拠法がある場合にあっても、地方自治体の第一線職員の仕事が法律や政省令で定められた全国一律の基準に具体的な事例を当てはめるだけの単純で機械的な処理に終わるものでないことは、ストリートレベルの官僚制の研究成果からも明らかである。ましてや今日の地方自治体が直面しているセッティングは、これまで見てきたようにストリートレベルの官僚制が想定している場面状況よりもはるかに複雑となっている。ひとつひとつの処理案件はルーティンの手順の一コマとしてではなく、一つの包括的なケースの一部として現れてくる。

本書の視点を拡大すると、地域というものも一つのケースと言うことができる。確かに地方自治体の数ある業務の中には機械的な処理に矮小化して理解され易い事務が存在することも事実ではあるが、(12)地方分権の進展に伴って、地域における総合的な政策主体として、独自のマネジメント能力が問われる状況が今後ますます増加していくものと思われる。その意味では、今日、地方自治体は多様な行政ニーズに対応するための創意工夫を求められている。変化に乏しいルーティンの業務とは様相を異にする変化に富む状況の中にこそ、今日、地方自治体が苦闘している問題の多くが含まれていると言える。そして、その解決の鍵を握るのは職員個々人なのである。以下、地域における総合的な政策主体としての地方自治体を支える職員が直面している具体的な状況と目指すべき方向について論じることとしたい。

二　これからの現場職員に求められる能力

これまで述べてきたことから明らかなように、今日、地方自治体は社会変革の中にあるばかりでなく、地方自治体組織もまた変容の中にある。しかし、組織を効果的に動かすためのカギを握るのは職員であり、職員が変わらない限り、組織性能は変わらない。環境からのチャレンジに晒されて組織としてのレスポンスを求められている今、当局、組合、さらには個々の職員は新しい時代に即応する仕事の進め方を考える必要に迫られているのである。

こうして、本書の全編を通して繰り返し主張されているように地方自治体における人的資源の重要性は計り知れない。公務サービスは究極的には人によるサービスであり、機械に置き換えることのできない人的な要素に対する依存度が極めて高いという特徴を持っている。このため、地方自治体における人的資源の開発は今後の地方自治体組織の変革を左右する決定的な重要性を有している。

これからの地方自治体職員に求められる資質は、法律や条例を定型的に運用執行していく能力ではなく、変化する環境に柔軟に対応していくことのできる能力である。具体的には、①問題把握能力、②問題解決策提示能力、③組織内外のステークホルダーとのコミュニケーション能力であると言えよう。

第二部で紹介した事例から、地方自治体職員が直面している問題の解決には以上の能力を磨く必要のあることを読み取ることができる。それらの能力がいわゆる政策立案能力を形成するのである。そして、地方自治体は地域の各種の資源を動員して問題の解決を図るコーディネーターとしての役割を果たさなければならない。

そのためには、地方自治体は御座なりの職員研修ではなく、体系的な人的資源開発の戦略を組み立ていく必要がある。また、職員の内発的な啓発努力を引き出し得るような仕組みを立ち上げることも求められている。センターでは、有志職員による研究会を運営し、コンパクトシティに関する文献の翻訳等に取り組んだ事例がある。(10)

また、最近、各地の職員研修所等では少人数のグループによる研究発表型プログラムに取り組む事例が増えてきている。特に、近年、従来型の座学中心の研修だけでなく、自主研究型の研修を取り入れる地方自治体が増えてきている。北海道や尼崎市では、自主的な研究プロジェクト型の研修を取り入れ、成果をあげてきている。これまで、各地方自治体の職員研修所というと比較的地味な存在であったが、近年、政策研究と職員研修を組み合わせた研究プロジェクトなどの取り組みを通して、政策形成の一翼を担う存在に変化しつつあるようである。今後、各地の地方自治体においても、自主研究型の研修や政策研究プロジェクトなどを積極的に進めることによって、人的資源開発戦略の中核となる職員研修を政策形成能力の向上に結びつける工夫が必要となろう。

また、公募型人材配置を組み合わせることによって職員のモチベーションを高める努力をしている地方自治体もある。例えば、三鷹市では、職員の研究会から提案のあったプロジェクトの責任者に研究会のメンバーを登用し、意欲のある職員に政策実行の段階まで任せることによって、成果をあげている事例がある。これも、職員の意欲を最大限に引き出し、組織変革を軌道に乗せる工夫として評価することができる。

さらに、外部人材の登用、外部専門家との協働は、第二部でも述べたとおり、今後、地方自治体が環境の変化に対応するための不可欠な要素となる。これまでの地方自治体（少なくとも神戸市では）の人的資源開発戦略の根幹は人材の内部養成、内部登用に置かれていたと言い得るが、これからは、より柔軟に外部人材を登用したり、外部専門家等との協働が円滑に進むような工夫が必要となる。そして、外部と直接接触することになる組織インターフェイスとしての現場の機能強化を図っていかなければならない。

三　現場の重要性の増大と職員配置

政策の立案に当たっては、フィールドの情報を的確に把握することが必要である。そのためには、ケースデータの作成と収集を円滑に進める体制を確立しなければならない。地方自治体の現場が全国一律の制度の末端に位置づけられ、国の基準に従って事務を執行すれば、一応の格好がついた時代においては、政策立案部門と現場との情報交換に大きな意義付けはされていなかった。極論すれば、現場は組織中枢の指示に従って動けばこと足りたのである。したがって、現場の情報が重視されることは少なく、一般的に言って地方自治体における現場の地位は不当に落しめられていたと言えよう。

ところが、地域における総合的な政策の立案・実施の主体としての地方自治体の地位が確立されようとしている時を迎えて、現場の情報を抜きにした政策の立案・実施は考えられなくなってきている。さらに国の縦割り組織を反映した細分化された現場による対応ではなく、地域の問題を総合的に把握し解決するために、情報の総合と資源の適正配分等の問題に注目が集まりつつある。つまり、地域における地方自治体のマネジメントの力量が問われるようになってきたと言える。

地域における総合的なマネジメントを進めるためには、現場の生の情報が不可欠であり、現場の重要性がかつて無く高まってきている。田中（一九九四）が「高度な総合行政が求められる現代にあっては、現場・地元・住民の立場に立って即時的に判断、行動していかなければならない。まさしく地域担当制の責任者などはそうした総合能力を求められている。つまり自治体は、〝地域シンクタンクとしてのプロフェッショナル集団（専門家チーム）〟として位置づけられよう。」（五五一頁）と述べているように、地域シンクタンクとして地域に最適の政策判断を下すためには正確な現場情報の収集と蓄積が必要となる。その意味では、現場の組織体制を強化するとともに人事政策の面でも現場に優れた人材を優先配置するなど、これまでのあり方とは違う現場重視の姿勢を打ち出すことが必要であろう。

これまで見てきたように地方自治体の現場情報は、今後、地方自治体の政策立案や執行の段階で重要な役割を果たすことが予想される。ところが、地方自治体の現場を取り扱った研究も僅かであり、調査手法も十分に確立されていない。また、第二部の事例研究でも明らかなように現場サイドでは具体的な問題解決に役立つ知識経験が極めて乏しいのが実状である。問題解決の方法があるにもかかわらず、単なる無知のために解決の選択肢を狭めてしまったり、問題の先送りでしのごうとする傾向が顕著である。したがって、具体的な問題解決の事例記録は、問題点を発見するための大きな助けとなる。そして、それは問題解決型の組織イノベーションに向けての出発の切っ掛けとなる。

以上、第一部、第二部を通して現代地方自治体を取り巻く環境の変化とそれへの対応の様子を論じてきたが、地方自治体が環境からのチャレンジに的確に応えるための最も重要な要素は人的資源であることがこれまでの論述の中で明らかとなった。最後に地方自治体の人材育成、問題解決プロセスマネジメント等について体系的な知識を提供し得る知的な拠り所となるべき「地方自治体管理学」の創設に向けて展望し、本書の締めくくりとしたい。

四　地方自治体管理学の確立

今日の地方自治体事務は、複雑多岐にわたっており、伝統的な行政法や行政学のカバーする範囲をはるかに超えている。地方自治体の業務実態を正確に把握するための方法の確立が望まれる。地方自治体においても根底において「法律による行政」が妥当している限り、行政法的なアプローチが基本となるはずであるが、複雑化した現代地方行政の実態を的確に把握するための、行政学、政治学、政策学、社会学、経営学、都市計画学等、諸学の成果を取り入れた新しい地方自治体管理学の創設が期待されるところである。田中（一九九四）は「従来の政治学、行政学、法律学などの専門的研究領域だけでは不十分であり、新しい学際的研究領域としての開拓が必要になりつつあるということが判明してきた。その新しい学問領域がいわば『自治体学』ともいうべき領野である。これはフィールドとしての自治体を対象に、さまざまな学問的方法論を駆使して、ひとつの学的体系を構築していこうという動きである。」（五七五頁）と述べている。本書の問題意識も基本的には同じ方向を目指している。本書で試行的に取り組んだエスノグラフィーは、行政実態に迫るための一つの有効な方法であり、地方自治体研究の厚みを増す上で大いに貢献ができるものと考える。

特に現場で長く過ごした者としては、地方自治体管理学は単なる学問的興味を満たすだけのものではなく、現実具体の問題解決に役立つものでなければならないと考える。そのためにも現場の生のデータを研究者に提供できる方法論の確立が望まれる。そして、今後とも優れた地方自治体エスノグラフィーを世に出すため、多くのライターを養成し、地方自治体のフィールドで観察やインタビューができる環境を整えていくことが重要となる。そして、次に述べる社会人大学院は優れたエスノグラファーを発掘し、育成するうえで多大の効果を上げることが期待される。

五　社会人大学院の効用

近年、各大学において社会人を大学や大学院に受け入れる動きが急になってきている。これも社会環境の変化を如実に反映した結果と言えよう。社会は国際化、情報化、高齢化の大きな変化の中で大きく動揺している。地域社会のマネジメントを円滑に行うためにも高度の専門知識が求められる時代に突入している。阿部（一九九七C）は「自治体では研修は盛んだが、教養番組程度のものをみんなに一通り教えるといったものが多く、専門家を養成しようという雰囲気ではないと感ずる。

しかし、これからは、社会も複雑になり、国際化し、住民の要求も強くなり、情報公開も求められるから、こんな現状ではとうていやっていけなくなる時代がくる。」（一八三頁）と述べているが、まさに専門家の確保と養成が今日の自治体にとって大きな課題となりつつあるのである。

現代地方自治体の事務は、環境の変化を反映して多様化と専門化が急激に進行している。比較的限られた分野の高度に制度化された事務を効率良く大量に処理していくというこれまでの仕事の進め方では対応できない部分が確実に増加してきており、はるか以前に学んだ学部レベルの知識では全く役に立たなくなってきている。

その意味では、地方自治体職員に対するリカレント教育が重要性を増しており、社会人向けの大学院コースの存在意義も高まってきている。各地の地方自治体では大学院への職員派遣制度を相次いで発足させ、職員の問題処理能力とモチベーションの向上に役立てようとしている。また、大学院への派遣は派遣される地方自治体の職員にとって、大学教職員だけでなく、他の地方自治体、国家機関、民間企業の職員さらには弁護士、会計士等のプロフェッショナルとも新たなネットワークを形成するチャンスとなっていることも確かである。地方自治体の職員が地域における問題に取り組むための最も重要な知識は「何を知っているか」ではなく、「誰を知っているか」ということである。現代の複雑化した社会の中であらゆることに通暁することは個人の能力を超えた「はかない望み」に過ぎない。むしろ、必要なことは人的ネットワークを通して問題解決に役立つ人的資源を動員し得る能力であり知識なのである。その意味でフェイス・トゥ・フェイスの人間関係を容易に作り出せる社会人大学院のコースは大きな今日的意義を持っているのである。

今後、社会人大学院のコースを通して、フィールドとアカデミズムの世界の相互交流が我が国でも進むことが期待でき、人的資源開発の新たな可能性につながるように思われる。さらに社会人大学院のコースを通して、本書で試みたような自治体エスノグラフィーの方法論をより精緻化し、優れたエスノグラファーを育てていくことも可能になると思われる。

六　今後の展望

最後に全体を振り返りながら、今後を展望しておきたい。この研究に取り組むようになってから早くも三年以上の歳月が過ぎ去った。阪神淡路大震災以後の多くの人々との交流の中で、地方自治体の現場における非常時の対応を中心にまとまった記録を残したいと考えていたところ、神戸大学大学院法学研究科博士後期課程に編入学できる社会人向けのコース（法政策専攻）があることを知った。これが、研究に取り組むようになった直接の契機であった。

一九九七年に入学許可を受けて以来、主に山下淳、樫村志郎両教授のご指導を受けながら少しずつ書き進んできたが、まさに牛歩の観があった。何とかここまで辿り着けたのは、一重に両先生をはじめとする法学研究科の先生方や学友、家族の温かい指導と励ましの賜物である。拙いながらも本書を公にできることを感謝したい。

地方自治体は、今大きな転換点に差し掛かっており、地方自治体職員は従来の仕事の仕方を大きく変える発想の転換を迫られている。筆者は、環境の変化の直中で苦闘している全国地方自治体職員の日常事務に直接役立ち、元気づけるような研究をしたいと常に考えてきた。一九八九年に神戸大学大学院経営学研究科博士前期課程のやはり社会人コースで、エスノグラフィーの方法論に出会い、その時以来、何とか地方自治体エスノグラフィーに取り組んでみたいと考えてきた。

そして、その後、一九九五年一月には阪神淡路大震災に遭遇し、地方自治体現場の非常時対応の事例記録も含めて、試行的に地方自治体エスノグラフィーに取りかかることにした。筆者の浅学非才のため、論文の作成は正直難渋を極めたが、環境の変化に正面から取り組んでいる現場の姿を伝えたいという一心でここまで書き進んできた。

言葉足らずで十分に意を尽くせていないところも多々あると思われるが、現場で苦闘している現場職員に役立ちたいという気持ちを十分に汲み取っていただき、粗略な部分についてはご寛恕願いたい。

今後もさらに具体的な問題に取り組む中で、地方自治体エスノグラフィーの方法論をより洗練されたものとなるように努めていきたい。また、我が国では、ホワイトカラーのキャリア形成の研究はほとんど進んでいないが、地方自治体職員のキャリア形成過程をライフヒストリーの形で取り上げたい。そして、最終的には本書で取り上げた「現場職員の物語」に「まちづくり」のもう一方のアクターである住民側の物語を併せて「地域のエスノグラフィー」に発展させていきたいと考えている。

(11)　ＮＰＯに対する関心の高まりに比して、ＮＰＯ組織に関する研究は意外に少ないようである。小島（一九九八）も「組織分析の分野において、非営利組織のマネジメントは必ずしも十分に分析されてきたとはいいがたい。特に我が国では、一部の先駆的研究を除けば、ほとんど分析されてこなかったといっても過言ではない。」と述べている。その意味で非営利組織のマネジメントの実証的な解明を目指す小島の研究は非常に時宜を得たものであると言える。

小島の基本的な問題意識は非営利組織のマネジメントを解明することであり、企業組織に関する経営学等の豊富な研究実績と伝統を踏まえながら、環境適応理論（コンティンジェンシー理論）にもとづいて我が国の非営利組織のマネジメントについて実証的な研究を展開している。その構成及び内容については小島自身の手で要領良くまとめられているので、それにもとづいて簡単に紹介する。

第一章では、我が国の非営利組織のマネジメントを分析するために必要な①非営利組織の定義②非営利組織の存在理由③ボランタリズムとマネジメントの両立、の三点についての予備的考察を行っている。第二章では、チャンドラー、ミンツバーグ、ドラッカー等、主な組織理論家の言説に触れながら、先行研究の理論的及び経験的成果を検討し、それにもとづいて研究の分析視角を明らかにするとともに非営利組織の環境状況と組織・統治・組織特性との関係についての仮説を提示している。第三章では、我が国の全非営利組織及び主要活動分野別の非営利組織の諸特性を解明するためにマクロ・データの分析を試みている。さらに第四章では、三つの非営利組織を取り上げ、その環境状況、戦略、統治、組織特性の実態を記述するとともに、それら三組織の比較分析を行っている。

次いで、第五章では、第四章の事例研究の結果にもとづき、分析のための基本モデルと六つの仮説を提示し、我が国の一四一の非営利組織から得られた質問調査データの多変量解析により、これらの仮説の検証を行っている。最後に第六章では、研究で得られた非営利組織のマネジメントに関する特徴を命題の形で試論的に整理したうえで、この研究の意義と今後の研究課題に言及し、最後に我が国の非営利組織の今後の発展方向を指し示している。

小島が取り上げている概念的枠組や分析手法等は、経営学の分野では染みの深いものであるが、非営利組織に関する大量のデータを用いての定量分析や具体的な組織の実態記述等による定性的分析を組み合せた研究は、学問的な厳密さにも十分な配慮がなされており、今後の非営利組織のマネジメント研究の方向を画する労作であると言えよう。

小島自身は研究の意義として、(1)我が国の非営利組織が種々の社会的ニーズを充足するとともに市民の社会参加を実現させるためのマネジメントの一般的特徴を指し示した点、(2)従来もっぱら営利企業の分析のために開発されてきた資源依存モデルと情報処理モデルにもとづいて非営利組織を分析し、これらの視角が非営利組織にも妥当することを明らかにした点、(3)この研究で得られた分析結果が非営利組織だけでなく、営利企業や統治のマネジメントに対しても有益な示唆を与える点、の三点をあげている。

小島（一九九八）は基本的には仮説検証型の研究であり、興味深い仮説が検証されているが、競争度の高いサービス市場における非営利組織の戦略が営利企業とは異なり、競争戦略ではなく協調戦略であることや、チャンドラー以来の「組織構造は戦略にしたがう」という営利企業を対象に検証されてきた一般的な命題が非営利組織には妥当しないことなど、示唆に富む記述が随所に見られる。

(12)　そのような現場では明確な事務処理基準が定められ、法律や条例に基づいて事務が処理されることが多い。第一線職員に事実上の裁量が認められるとしても、判断の余地はそれほど大きい訳ではない。例えば、国民健康保険の窓口業務では、書類の送付、データの入力、各種申請の受付等、機械的な作業が大半を占め、第一線職員の判断の余地はほとんど見当たらない。保険料の賦課、保険料率の決定、予算編成、決算等、制度運営の根幹に関る事務は出先の窓口ではなく、（直接住民と接触することのない）いわゆる本庁で処理される。国民健康保険料の賦課、高額療養費の支給決定等の行為は法律上行政処分として構成されているが、出先の窓口では単に納付書や支給決定通知書の発送事務の端緒としてしか意識されず、それらの決定行為が行政行為であるとの認識は希薄である。極論すれば、窓口での事務は被保険者情報をコンピュータシステムに入力し、そこから吐き出される膨大な書類を機械的に被保険者に送付するだけの内容に矮小化されてしまっている。

■資料：まちづくり情報センターの設立状況（平成11年3月建設省調べ）

都市名	まちづくり情報センターの名称	設立年月	設立のねらい	設立費用の負担	組織運営等			センターの機能							
					運営主体	職員数	基本財産	窓口相談	普及啓発	場所機器貸与	組織的活動支援	情報分析提供	情報保管	研修交流	調査研究機能
札幌市	(仮称)まちづくりセンター	未定	市民・企業・行政のパートナーシップ型まちづくりの推進	未定	未定	未定	未定								
旭川市	(仮称)まちづくり情報センター	未定	市民主体のまちづくりの推進。まちづくりリーダーの養成	未定	未定	未定	未定	○	○	○	○	○	○	○	○
仙台市	仙台市都市総合研究機構	H7.3	市民、大学、企業、行政等が力を合わせて仙台市政の長期ビジョン、政策目標を呈示していくことを設立のねらいとしている。	市負担	仙台市	9名	仙台市の外郭団体として運営		○			○	○	○	○
山形市	(仮称)山形市まちづくり情報センター	H12.10	市民の協力のもと、円滑な都市計画事業を進めるため、市民参加型のまちづくりが重要。このために、都市計画の行政情報・市民まちづくりの支援・情報発信拠点のため、まちづくり情報センターを建設する。	市負担 国庫補助	山形市 都市計画課	6名程度	なし	○	○	○	○	○	○	○	
福島市	(財)福島まちづくりセンター	H7.7	街の顔にふさわしい賑わいと活力ある商業環境の整備	福島市41.7% 商工会議所・金融機関13.3% 民間45.0%	(財)福島まちづくりセンター	常勤3人	授権資本2億4千万円	○	○	○	○	○			○
会津若松市	株式会社　まちづくり会津	H10.7	まちなかの再生 △まちづくりのための人材養成と人材ネットワークの構築・ノウハウの蓄積により、 ・コンサルティング ・コーディネート ・マネージメント を行う。 △官と民との間に立ち、その介入・調整を行う。 △町中の伝統的・文化的遺産、建築物等の再生と活用による具体的な事業展開を図る。 △各商店街の拠点的魅力施設整備、空店舗対策等の事業展開を図る。	市200万円 商工会議所150万円 発起人株主750万円 縁故株主2015万円	民間	2名	資本金3,115万円	○	○		○	○		○	○
茨城県	茨城まちづくりセンター	H9.2.20	まちづくりに関する情報提供や人材派遣等を通して、住民参加型の地域特性を活かした個性豊かなまちづくりを支援する。	無(茨城県庁内に設置)	茨城県都市計画協会	3名(都市計画課職員の併任)	無	○	○	○					

大宮市	大宮市ホームページ「まちづくり情報センター」	H8.1	インターネット上に「まちづくり情報センター」を設置し、まちづくりに関する情報を発信して提供を行うとともに、各方面からの情報を収集するのがねらいであり、試験的に実施している。	インターネット機器費用（市負担）	大宮市	2名	なし		○		○	○	○		
川口市	川口市のホームページ（まちづくり情報センターといった特別な形での設置はないが、ホームページ上で行政情報提供の一環として、都市計画基本方針等の情報を提供している。）	H10.12	インターネット上に川口市ホームページを開発し、市の行政情報を発信して、啓発を行うとともに、住民の意見、提言を市政に反映させる。（まちづくり情報の提供は、住民に必要な情報提供の一環として行われている。）	市負担（ホームページ作成費用等）	川口市	2名	なし		○			○			
千代田区	(財)千代田区街づくり推進公社	S63.10	・都市機能の維持増進 ・都市環境整備の促進	区及び公共的企業４社	(財)千代田区街づくり推進公社	22名	10億4千万円	○	○	○	○			○	○
中央区	(財)中央区都市整備公社	S60	・区の生成日計画の推進に協力し、地域環境の整備を図る。 ・区民間等の区の施設の管理運営を通じ、住民祉を増進。	区１００％	(財)中央区都市整備公社	97名	2億円		○					○	○
文京区	(財)文京区まちづくり公社	H3	区民主体の街づくり増進をはかり、定住環境整備と都市機能向上、区民福祉の向上を目的とする。	区１００％	(財)文京区まちづくり公社	25名	10億円	○	○	○				○	○
墨田区	(財)墨田区まちづくり公社	S57	京島地区のまちづくりの推進（事業含む）	区１００％	(財)墨田区まちづくり公社	61名			○					○	
目黒区	(財)目黒区都市整備公社	H4.10	住民参加型まちづくりの推進	区１００％	(財)目黒区都市整備公社	14名	10億円	○	○	○	○		○	○	○
世田谷区	世田谷まちづくりセンター	H4.4	約10年間の区都市デザイン室における住民意見を反映した計画づくりを拡大し住民参加型のまちづくりを推進するため、行政・企業・住民から独立した中立の立場で三者の考え方をつないでいくことを目的とする。	区都市整備公社組織内	世田谷まちづくりセンター	5名	区都市整備公社内の組織	○	○		○			○	○
杉並区	(財)杉並区まちづくり公社	H12	みどり豊かな個性あるまちづくりを円滑に推進することを目的とする。	区１００％	(財)杉並区まちづくり公社	5名	10億円	○	○		○		○	○	○
中野区	(財)中野区まちづくり公社	H5.12	・区民主体のまちづくり支援 ・住環境整備に関する事業の推進	区１００％	(財)中野区まちづくり公社			○	○				○		○
豊島区	(財)豊島区街づくり公社	H1.4	住民全体のまちづくりを支援	区１００％	(財)豊島区街づくり公社	25名	3億円	○	○	○	○		○		○

荒川区	荒川区まちづくり公社	H7.4	区民の手によるまちづくりの推進 ・まちづくりの普及啓発 ・まちづくり事業の促進及び支援		荒川区まちづくり公社	10名	なし 任意団体	○	○	○	○	○		○	○
練馬区	(財)練馬区都市整備公社	S62	区の都市整備事業の推進	区100%	(財)練馬区都市整備公社	34名	2億円	○	○					○	○
足立区	(財)足立区まちづくり公社	S63	・まちづくり推進 ・公益信託の普及 ・区営住宅の管理等を目的	区100%	(財)足立区まちづくり公社	34名	5億円	○	○		○				○
北区	(財)北区まちづくり公社	H7.8	民間主体のまちづくりを支援・推進すると共に、既成市街地の再編・整備を図り、都市機能の維持・向上に努め、もって区民の福祉向上に寄与することを目的とする。	区100%	(財)北区まちづくり公社	17名	5億円	○	○		○	○	○	○	○
三鷹市	(財)三鷹市まちづくり公社	H8.4	市民全体のまちづくり支援。 潤いややすらぎ、豊かさなどが実感できる住環境整備に関するまちづくり事業の総合的推進。	市100%	(財)三鷹市まちづくり公社	12名	5億円	○	○	○	○	○	○	○	○
武蔵野市	(財)武蔵野市開発公社	S43.8	都市再開発の円滑な推進。都市の活性化	市100%	(財)武蔵野市開発公社	12名	1,000万円		○	○	○			○	○
川崎市	(仮称)まちづくり情報センター	未定	市民・企業と行政が連携したまちづくりの支援、行政による市民参加のまちづくりの支援、都市情報の提供やＰＲ、研究開発	未定	未定	未定	未定	○	○	○	○	○	○	○	○
川崎市	(財)川崎市まちづくり公社	S28.12	地区の特性を活かし、市民の自主的なまちづくりを支援	市出資96.2%	(財)川崎市まちづくり公社	32名	5億円		○		○	○			
石川県	(財)いしかわまちづくりセンター	H9.11	・中心市街地の活性化などの既成市街地等における地域住民が主体となったまちづくりの支援 ・地方分権に対応し役割が増大する市町村の都市計画づくりの支援 ・土地区画整理事業、市街地再開発事業などの都市整備プロジェクト支援	県30% 市町66% その他4%	(財)いしかわまちづくりセンター(事務局:石川県都市計画課内)	16名	33,440千円	○	○	○	○	○	○	○	○
富山市	高度情報センター	H8.9	新たな情報拠点を付加することにより、富山市の高度情報化を支援する。	国庫補助金(街並み・まちづくり総合支援事業)市一般財源	(社)とやま地域情報か推進センター	1名			○			○			
浜松市	(仮称)まちづくりセンター	未定	まちづくり情報(都市計画情報)の住民への提供と啓蒙、まちづくりリーダーの養成、まちづくりニーズの把握。	未定	未定	未定	未定	○	○	○	○	○		○	
豊田市	(財)豊田都市交通研究所	H3.3	・広義の都市交通の研究 ・交通モデル都市化の推進 ・世界への情報発信と貢献	市、民間	(財)豊田都市交通研究所	15名	21.6億円		○						○

名古屋市	(財)名古屋都市センター	H3.7	復興土地区画整理事業の収束記念及び都市計画のシンクタンクとして設立	市負担(事務所開設費等)	(財)名古屋都市センター	26名(うち市職員19名)	10億円(全額名古屋市)	○	○	○	○	○	○	○	○
小牧市	小牧都市センター	H4.6	都市計画に関する情報の提供・啓蒙 市民への都市計画への理解・都市計画事業の円滑な推進に寄与	市負担(事務所開設費)	小牧市都市計画課	9名(内市職員2名)	なし	○	○						
京都市	京都市景観・まちづくりセンター	H9.10	市民の自主的なまちづくり活動と行政施策の円滑な執行を支援する。	市負担	財団法人	8名(うち市職員7名)	5千万円	○	○	○	○	○	○	○	○
大阪府	(財)大阪府都市整備センター	S40.4	大阪府域における都市計画の促進と向上発展に寄与するため、土地区画整理事業、その他都市基盤整備に関する諸情報の推進を図ること。	大阪府等	(財)大阪府都市整備センター	37名	3千万円		○	○			○	○	○
大阪府	(財)大阪府まちづくり推進機構	H2.9	老朽木造賃貸住宅等が密集する市街地を対象に住宅・住環境整備を総合的に推進するため、公共と民間との間に立ち事業家への支援を行う。	大阪府等	(財)大阪府まちづくり推進機構	16名	16億1,200万円	○	○			○		○	○
大阪府	(財)大阪市都市工学情報センター	H3.1	都市工学に関する行政情報の市民・企業への提供、まちづくりのシンクタンク	市負担(事務所開設費)	(財)大阪市都工学情報センター	14名(うち市職員13名)	1億円(全額大阪市)	○	○	○	○	○	○	○	○
神戸市	こうべまちづくりセンター	S5.7	住民主体のまちづくりの支援	市負担(会館建設費)	(財)神戸市都市整備公社	11名	―	○	○	○	○	○	○	○	○
兵庫県	ひょうご都市づくりセンター	H7.9	阪神・淡路大震災の被災地における復興まちづくり支援	無 ※(財)兵庫県都市整備協会内に設置	ひょうご都市づくりセンター	2名	― ※(財)兵庫県都市整備協会の基本財産は1億円				○				
奈良県	(社)奈良まちづくりセンター	S.59.6	市民による自主・自立のまちづくりを通じて、市民主導行政支援型のまちづくりを推進。 まちづくりに関わる調査研究や実践活動を行い奈良を美しく、住みやすい、活力あるまちにつくりあげる。	民間	(社)奈良まちづくりセンター										
奈良市	(財)ならまち振興財団	H4.7	奈良の歴史的市街地の歴史的な街並みを保存しつつ、伝統的文化、芸能、工芸等の継承と地域文化の振興のための事業を行う。	奈良市	(財)ならまち振興財団	28名	1億円	○	○	○	○		○	○	
広島県西城町	(株)ひば西城まちづくり開発公社	H4.10.16	「クロカンのまち」づくりをめざす。 ・人にやさしい快適なまちづくり ・豊かで安心して生活できる地域共生社会づくり	(協同財資) 西城町170株 住民会 10株 庄原農協西城支所 10株	第三セクター(株)ひば西城まちづくり開発公社	2名	1,000万円	○	○		○	○	○	○	○

橿原市	今井まちなみ交流センター	H7.2	今井町重要伝統的建造物群保存地区の事業推進・住民の活動支援啓発及び来訪者のガイダンス	橿原市	市	3名		○	○	○	○	○	○	○	
愛媛県	(財)愛媛県まちづくり総合センター	H61.7	まちづくりに関する各種情報の収集、加工及び提供並びにまちづくりのために必要な調査研究、人材養成支援等を行うことにより、活力と個性にあふれた地域社会づくりに寄与することを目的とする。	愛媛県(49%) 市町村 銀行 商工団体等	(財)愛媛県まちづくり総合センター	5名	510000千円	○	○		○	○	○	○	○
山口市	山口住まいまちづくりセンター	H10.10	・市民グループ…まちづくりグループの交流 ・住まいづくり・まちづくりの支援 ・調査・研究活動 ・住まいづくり・まちづくりの情報発信	会員の会費 市負担	山口住まいまちづくりセンター (社)山口県建築士会	臨時1名	—	○	○	○	○	○	○	○	○
福岡市	(財)福岡市科学研究所	S63.8	都市経営の視点を長期的展望に立った都市政策を研究し将来の都市戦略を考える。	市負担	(財)福岡市科学研究所	14名	3千万円					○	○	○	○

[出所:まちづくりセンターネットワーク平成11年度事業活動に関する委託調査報告書]

引用・参考文献

阿部泰隆、一九九四、『政策法務からの提言』日本評論社
阿部泰隆、一九九五、『大震災の法と政策』日本評論社
阿部泰隆、一九九六、『行政法学の基本指針』弘文堂
阿部泰隆、一九九七ａ、『行政の法システム新版㊤』有斐閣
阿部泰隆、一九九七ｂ、『行政の法システム新版㊦』有斐閣
阿部泰隆、一九九七ｃ、「大学院コース」『別冊法学セミナー』一四八号一八三―一八七頁
Abernathy, W.J. & Clark, K.B., 一九八五、*"Inovation." Research policy*, No.14 三―二二頁
明石照久、一九九七、「すまい・まちの震災復興支援制度について」『日本不動産学会誌』一二巻、二号五〇―五五頁
明石照久、一九九八、「参加のまちづくり専門家の育成」㈳日本都市計画学会防災・復興問題研究特別委員会編著『安全と再生の都市づくり』学芸出版、二〇五―二〇六頁
明石照久、一九九九ａ、「こうべまちづくりセンターの復興まちづくり支援事業」『都市政策』九五号、神戸都市問題研究所、勁草書房、八三―九三頁
明石照久、一九九九ｂ、「まちづくり支援センターの展開と今後の課題」『地域社会と参加システムに関する学際的研究』㈶二一世紀ひょうご創造協会、七三―八三頁
明石照久、二〇〇〇ａ、「地方自治体ケースリサーチの試み――こうべまちづくりセンターの事例研究から

――」『法政策学の試み――法政策研究第二集』信山社、一九三―二一七頁
明石照久、二〇〇〇b、「まちづくりにおける協働と専門家の役割」『地域社会と参加システムに関する学際的研究II』㈶二一世紀ひょうご創造協会、五一―六三頁
アルブロウ、M.、一九七九、『官僚制』（君村昌訳）、福村出版株式会社
アリソン、一九八九、『決定の本質』（宮里政玄訳）中央公論社
Allmendinger, J. & Hackman, J. R. 一九九六、"Organizations in Changing Environments : The Case of East German Symphony Orchestras". *Administrative Science Quarterly*, No.41, 三三七―三六九頁
オルポート、G.W.、一九八二、『パーソナリティー』（託摩武俊他訳）、新曜社
青井和夫監修、小林幸一郎＝梅澤正編、一九八八、『組織社会学』サイエンス社
Argyris, C., 一九八二、*Reasoning, learning, and action : individual and organizational* (1st ed.). San Francisco : Jossey-Bass.
Argyris, C., 一九九四、"Good communication that blocks learning." *Harvard Business Review*, July-August, 七七―八五頁
淡路富男、二〇〇一、『[行政経営品質]とは何か』生産性出版
Berley, S.R., 一九九六、"Technicians in the Workplace : Ethnographic Evidence for Bringing Work into Organization Studies." *Administrative Science Quarterly*, No.41, 四〇四―四四一頁
Berley,D.C., 一九八六、"In pursuit of the expert pedagogue." *Educational researcher*, August-September, 五―一三頁

Boot, R.L., Cowling, A.G. [et al.], 一九七七、*Behavioural sciences for managers*. London : Arnold.
Bonoma, T.V., 一九八五、"Case research in marketing : opportunities, problems, and a process." *Journal of marketing research*, Vol. XXII (May), 一九九—二〇八頁
Borko, H., Lalik, R. [et al.], 一九八七、"Student teacher's understandings of successful and unsuccessful teaching." *Teaching & teacher education*, Vol.3, No.2, 七七—九〇頁
ブラウ、P.M.、一九七一、『現代社会の官僚制』(阿利莫二訳)、岩波書店
Burns, T. & Stalker, G.M. 一九六一、*The management of innovation*. London : Tavistock Publications.
キャンベル、J.、一九八四、『千の顔をもつ英雄(上)(下)』(平田武靖＝浅輪幸夫監訳)、人文書院
カスタネダ、C.、一九九三、『未知の次元』(名谷一郎訳)(講談社学術文庫)、講談社
クラーク、T.N.＝小林良彰編著、二〇〇一、『地方自治の国際比較 台頭する新しい政治文化』(三浦まり訳)、慶応義塾大学出版会
Cockerham, W.G., 一九九七、*This Aging Society* (Second edition). Englewood Cliffs, N.J. : Prentice Hall.
クロン、A.、一九九六、『入門エスノメソドロジー』(山田富秋＝水川喜文訳)、株式会社せりか書房
チャンドラー、A.D.、一九六七、『経営戦略と組織』(三菱経済研究所訳)、実業之日本社
デービス、R.B.、一九八七、『数学理解の認知科学』(佐伯胖監訳)、国土社
土井健郎、一九七一、『甘えの構造』弘文堂
ドラッカー P.F.、一九八六、『マネイジメント・フロンティア』(上田惇生＝佐々木実智男訳)、ダイヤ

モンド社

Douglas J.D. (ed.), 一九七四、*Understanding everyday life*. London：Routledge & Kegan paul.

デュルケーム、一九八五、『自殺論』（宮島喬訳）、（中公文庫）、中央公論社

エマーソン、R.M./フレッツ、R.I.他、一九九八、『方法としてのフィールドノート：現地取材から物語（ストーリー）作成まで』（佐藤郁哉、好井裕明、山田富秋訳）、新曜社

Eisenhart, K.M., 一九八九、"Building theories from case study research." *Academy of management review*, Vol.14, No.4, 五三二―五五〇頁

Erikson, Kai (ed.), 一九九七、*Sociological Visions*. Lanham：Rowman & Littlefield Publishers, Inc.

遠藤博也、一九六八、『行政行為の無効と取消』東京大学出版会

遠藤博也、一九七六、『計画行政法』学芸出版

Finnegan, R., 一九九八、*Tales of the city：a study of narrative and urban life*. Cambridge, UK；New York：Cambridge University Press

フーコー、M.、一九七四（原著一九六六）、『言葉と物――人文科学の考古学――』（渡辺一民＝佐々木明訳）、新潮社

フロム、E.、一九七一、『夢の精神分析』（外林大作訳）、東京創元社

ガードナー、H.、一九八五、『認知革命』（佐伯胖＝海保博之監訳）、産業図書株式会社

Garfinkel, H., 一九六七、*Studies in Ethnomethodology*. Englewood Cliffs, N.J.：Prentice-Hall

ガニエ、E.D.、一九八九、『学習指導と認知心理学』（赤堀侃司＝岸学監訳）、パーソナルメディア㈱

Giddens, A., 一九九八、*Sociology* (Third Edition). Cambridge, UK：Polity Press

Giddens, A., 一九八七、*Social theory and modern sociology*. Stanford, Calif. : Stanford University Press

ゴッフマン、E.、一九八四、『アサイラム』（石黒毅訳）、誠信書房

グールドナー、A.W.、一九六三、『産業における官僚制』（岡本＝塩原訳）、ダイヤモンド社

Glaser, B.G. (ed.)、一九六八、*Organizational Careers a Sourcebook for Theory*, Chicago : Aldine publishing co

ハーバーマス、J.、一九九〇、『公共性の構造転換』（細谷貞男＝山田正行訳）、未来社

Handel, W., 一九八二、*Ethnomethodology : How people Make Sense*. Englewood Cliffs, N.J. : Prentice-Hall, Inc

畠山弘文、一九八九、『官僚制支配の日常構造：善意による支配とは何か』三一書房

早川征一郎、一九九七、『国家公務員の昇進・キャリア形成』㈱日本評論社

広岡隆、一九六一、『行政上の強制執行の研究』法律文化社

ホーエル、P.G.、一九九一、『初等統計学原著第四版』（浅井晃＝村上正康訳）、培風館

北海道自治研修所、一九九六、『すすめよう住民参加』（ジョイントセミナー北海道二一報告書）

福田誠治、一九八五、『人間の能力と人格』文化書房博文社

降旗武彦＝赤岡功編著、一九七八、『企業組織と環境適合』同文館出版

フッサール、E.、一九九五、（原著一九五四）、『ヨーロッパ諸学の危機と超越論的現象学』（細谷恒夫＝木田元訳）（中公文庫）、中央公論社

今里滋、一九九七、「融解する政府職能――民間専門職と〝プロクシィ・ガバメント〟――」『季刊行政管

理研究』七九号、一四―二六頁
稲継裕昭、一九九六、『日本の官僚人事システム』東洋経済新報社
伊丹敬之、一九八四、『新・経営戦略の論理』日本経済新聞社
伊丹敬之＝加護野忠男、一九八九、『ゼミナール経営学入門』日本経済新聞社
Janis, I.L., 一九八二, *Groupthink* Second edition, Boston : Houghton Mifflin
ジェンクス、M.・バートン、E.他編集、二〇〇〇、（原著一九九六）『コンパクトシティ――持続可能な都市形態を求めて』（神戸市コンパクトシティ研究会訳）、こうべまちづくりセンター
Jones G.R., 一九九五, *Organizational theory : text and cases*. Reading, Mass. : Addison-Wesley Pub
ユング、C.G.、一九七六、『心理学と錬金術』（池田紘一＝鎌田道生訳）人文書院
河合隼雄、一九七六、『影の現象学』思索社
河合隼雄、一九八七、『明恵 夢を生きる』京都松柏社
加護野忠男、一九八六、「経営組織の設計」『現代経営事典』日本経済新聞社
加護野忠男、一九八八、『組織認識論』千倉書房
海保博之編著、一九八六、『心理・教育データの解析法一〇講応用編』福村出版株式会社
金井壽宏、一九九三、『ニューウェーブ・マネジメント：思索する経営』創元社
金井壽宏、一九九四、『企業者ネットワーキングの世界』白桃書房
Kanter, R. M., 一九七七, *Men and women of the corporation*. New York : Harper colophon books
兼子仁、一九六〇、『行政行為の公定力の理論』東京大学出版会

兼子仁＝村上順、一九九五、『地方分権』弘文堂

樫村志郎、一九八九、『「もめごと」の法社会学』弘文堂

岸田民樹、一九八五、『経営組織と環境適応』三嶺書房

小林秀雄、一九七七、『本居宣長』新潮社

小林重敬編著、一九九九、『地方分権時代のまちづくり条例』学芸出版社

神戸市市民局市民防災室防災企画課、一九九七、『防災まちづくり研修：ワークショップを学ぼう：報告書』

小島廣光、一九九八、『非営利組織の経営：日本のボランティア』北海道大学図書刊行会

コートル、J、一九九七、『記憶は嘘をつく』（石山鈴子訳）講談社

コッター、J.P.、一九八四、『ザ・ゼネラル・マネージャー』（金井壽宏＝加護野忠男他訳）、ダイヤモンド社

クーン、T.S.、一九八九、『コペルニクス革命』（常石敬一訳）、（学術文庫）、講談社

Lawrence, P.R. & Lorsch, J.W., 一九六七, *Organization and environment : managing differentiation and integration*. Boston : Division of Research Graduate School of Business Administration, Harvard University

Layder, D., 一九九四, *Understanding social theory*. London : Sage Publications

ル・コルビュジエ、一九六一、『伽藍が白かったとき』（生田勉＝樋口清訳）、岩波書店

LeCompte, M.D. & Schensul, J. J., 一九九九, *Analyzing & interpreting ethnographic data*. Walnut Creek, Calif. : AltaMira Press

Lee, G. L, *Who gets to the top?*. Aldershot, Hampshire : Gower

ライター、K.、一九八七、『エスノメソドロジーとは何か』（高山眞智子訳）、新曜社

レビンソン、D.、一九九二、（原著一九七八）、『ライフサイクルの心理学(上)(下)』（南博訳）（講談社学術文庫）、講談社

Lippitt, G.L.& Schmdt, W.H., 一九六七、"Crisis in a developing organization." *Harvard Business Review*: November - December, 一〇二―一一二頁

リプスキー、M.、一九八六、『行政サービスのディレンマ：ストリート＝レベルの官僚制』（田尾雅夫＝北大路信郷訳）、木鐸社

マーチ、J.G.&サイモン、H.A.、一九七七、『オーガニゼーションズ』（土屋守章訳）、ダイヤモンド社

マルクーゼ、H.、一九六一、『理性と革命』（桝田啓三郎他訳）、岩波書店

松田伯彦・松田文子編、一九八一、『教育心理学研究法ハンドブック』㈱北大路書房

マズロー、A.H.、一九七三、『人間性の最高価値』（上田吉一訳）、誠信書房

マーサー、C.、一九七九、『環境心理学序説』（永田良昭訳）、新曜社

マートン、R.K.、一九六一、『社会理論と社会構造』（森東吾他訳）、みすず書房

ミード、G.H.、一九九五、『精神・自我・社会』（河村望訳）、人間の科学社

ミルグロム、P.、ロバーツ、J.、一九九七、（原著一九九二）、『組織の経済学』（奥野正寛他訳）、NTT出版

ミルズ、C.W.、一九六九、『パワーエリート』（鵜飼信成＝綿貫譲治訳）、東大出版会

ミルズ、C.W.、一九七一、（原著一九五六）、『ホワイト・カラー』（杉政孝訳）、東京創元社

Mintzberg, H., 一九七三、*The Nature of managerial work*. New York：Harper & Row

ミンツバーグ H.、一九九一、（原著一九八九）『人間感覚のマネジメント』（北野利信訳）、ダイヤモンド社

宮澤節生、一九八五、『犯罪捜査をめぐる第一線刑事の意識と行動』、成文堂
森秀毅、二〇〇〇、「まちづくり支援情報の活用支援について」『JACIC（Japan Construction Information Center）情報』五六号、八二―八六頁
森田朗、一九八八、『許認可行政と官僚制』岩波書店
中川敏、一九九二、『交換の民族誌――あるいは犬好きのための人類学入門』世界思想社
中野貞一郎＝松浦馨＝鈴木正裕編、一九八六、『民事訴訟法講義』有斐閣
野中郁次郎、一九八五、『企業進化論』日本経済新聞社
野中郁次郎＝加護野忠男他、一九七八、『組織現象の理論と測定』千倉書房
西川一廉ほかNIP研究会、一九九〇、『新しい産業心理』福村出版
奥田教朝＝吉岡昭雄、一九九三、『都市計画通論』㈱オーム社
大橋洋一、一九九六、『行政法学の構造的変革』有斐閣
大住荘四郎、一九九九、『ニュー・パブリックマネジメント 理念・ビジョン・戦略』日本評論社
大塚久雄、二〇〇〇、（原版一九五五）、『共同体の基礎理論』（岩波現代文庫）、岩波書店
Parker, W.C. and Gehrke, N.J., 一九八六、"Learning activities and teachers : Decision making : Some ground hypotheses." *American education research journal.* summer, Vol.23, 二二七―二四二頁
パーソンズ、T.、一九八五、『社会構造とパーソナリティ』（武田良三監訳；丹下隆一〔ほか〕訳）、新泉社
ポラニー、M.、一九八〇、『暗默知の次元：言語から非言語へ』（佐藤敬三訳）紀伊国屋書店
リースマンD.、一九七四、『孤独な群衆』（加藤秀俊訳）、みすず書房
Rohlen, T. P., 一九七四、*For harmony and strength : Japanese white-collar organization in anthro-*

pological perspective. Berkeley : University of California Press
ローゼンタール、R.&ロスナウ、R.L.、一九七五、『行動研究法入門』（池田央訳）、新曜社
Ruggiero, V.R, 一九九六、 *A Guide to Sociological Thinking.* Thousand Oaks, Calif. : Sage Publications
佐藤郁哉、一九八四、『暴走族のエスノグラフィー、モードの叛乱と文化の呪縛』新曜社
塩原勉編、一九八九、『資源動員と組織戦略』新曜社
シャイン、E.H.、一九八〇、『組織心理学第三版』（松井訳）、岩波書店
シャイン、E.H.、一九八五、『組織文化とリーダーシップ』（清水紀彦＝浜田幸雄訳）、ダイヤモンド社
Schensul, S. P. & Schensul, J. J. [et al.], 一九九九、*Essential ethnographic methods : observations, interviews, and questionnaires.* Walnut Creek, Calif. : AltaMira Press.
シュッツ、A.、一九八九、『現象学的社会学の応用』（桜井厚訳）、御茶の水書房
進藤勝美、一九七八、『ホーソンリサーチと人間関係論』産業能率短大出版部
鈴木宏昭他、一九八九、『教科理解の認知心理学』新曜社
鈴木庸夫、一九九四、「行政法学と行政学の間――行政法学の「新傾向」と行政の法社会学――」『(年報行政研究』日本行政学会編、二九号、六二―一一二頁
Symon, G. & Cassel, C., 一九九八、*Qualitative Methods and Analysis in Organizational Research.* London : Sage Publications.
サザーランド、E.／コンウェル、C.、一九八六、『詐欺師コンウェル：禁酒法時代のアンダーワールド』（佐藤郁哉訳）、新曜社

田原音和、一九九三、『科学的知の社会学：デュルケームからブルデューまで』藤原書店
高見沢実、一九九八、『イギリスに学ぶ成熟社会のまちづくり』学芸出版社
高寄昇三、一九九八、『地方自治の行政学』勁草書房
田中豊治、一九九四、『地方行政官僚制における組織変革の社会学的研究』時潮社
田尾雅夫、一九九〇、『行政サービスの組織と管理：地方自治体における理論と実際』木鐸社
田辺国昭、一九九三、「行政の変化を捉えるには」『季刊行政管理研究』六三号、四―一四頁
Taylor, S.J.& Bogdan, R., 一九八四、*Introduction to Qualitative Research Methods* (Second Edition). New York : John Wiley& Sons
手島孝、一九八八、『計画担保責任論』有斐閣
トインビー、A.、一九七六、『図説歴史の研究』(桑原武夫他訳)、学研
植手通有、一九七三、『日本近代思想の形成』岩波書店
Van Maanen, J. (ed.), 一九七七、*Organizational Careers : Some New Perspectives*. London : John Wiley& Sons
Van Maanen, J. [et al.], 一九七九、*Essays in interpersonal dynamics*. Homewood, Ill. : Dorsey Press
Van Maanen, J., 一九八三、"The Boss : First-Line Supervision in an American Police Agency." In Maurice Punch (ed.). *Control in the police organization* Cambridge. Mass. : MIT Press, 二七五―三一七頁
Van Maanen, J., 一九八八、Tales of the field. Chicago : The University of Chicago Press
Van Maanen, J., 一九九〇、"The Fact of Fiction in Organizational Ethnography." In Maanen (ed.).

Qualitative Methodology. Sage Publications, sixth printing, 三七—五五頁
ウエーバー、M.、一九六七、『権力と支配』（濱島朗訳）、有斐閣
ウエーバー、M.、一九八九、『プロテスタンティズムの倫理と資本主義の精神』（大塚久雄訳）、（岩波文庫）、岩波書店

人名索引

た 行

な 行

は 行

事項索引

あ 行

か 行

さ 行

〈著者紹介〉

明石照久（あかし・てるひさ）

1951年　神戸市生まれ。

1974年　神戸大学法学部卒業，同年神戸市役所入庁。

1991年　神戸大学大学院経営学研究科博士課程前期課程修了。

2001年　神戸大学大学院法学研究科博士課程後期課程修了。博士（法学）。

〈*Law & Society Dèbut Series No. 3*〉

自治体エスノグラフィー

――地方自治体における組織変容と新たな職員像――

2002年（平成14年）9月10日　第1版第1刷発行

著　者　明　石　照　久

発行者　今　井　　貴

渡　辺　左　近

発行所　信山社出版

〒113-0033　東京都文京区本郷6-2-9-102

TEL　03（3818）1019

FAX　03（3818）0344

Printed in Japan

印刷・製本／エーヴィスシステムズ・大三製本

ISBN 4-7972-2223-9　C3332

Law & Society Début Series 創刊にあたって

二〇〇〇年六月　シリーズ編集者　宮澤節生

第二次世界大戦後半世紀以上を経過し、二一世紀を迎えようとしている今日、我が国における既存の社会構造は根本的批判にさらされている。法、司法制度、法律家の在り方もその例外ではない。その端的な現われは一九九〇年代末期から現実政治において急速に台頭してきた司法制度改革の動向である。今般の司法制度改革の帰結がいかなるものであれ、法、司法制度、法律家の在り方に関する再検討は引き続き行われていくことであろう。

そのような根本的再検討にとって第一に必要とされるのは、現実の法、司法制度、法律家がいかなる価値や利益に奉仕し、いかなる価値や利益を阻害しているかを、経験的に探求することである。第二に必要とされるのは、そのような経験的探求に基づいて、現状をどのように改革すべきであるか、新たな政策を提言することである。そのためには、法学の未来を担う若い研究者たちに対して、経験的・政策論的研究を奨励する研究環境を提供しなければならない。

研究環境に関して決定的に重要な要素のひとつは、オリジナルな研究成果をモノグラフとして世に問う機会が存在することである。経験的・政策論的研究は、必然的に、法学以外の学問分野（discipline）における理論、研究技法、知見等をも活用する、苦労の多い学際的アプローチを要求するものであるが、そのような苦労の成果が未公刊のまま放置されたり、せいぜい所属大学の紀要に掲載されるだけにとどまっていたのでは、当該研究者自身のキャリア形成に結びつくことが少ないだけでなく、その研究成果が社会的に共有される可能性も乏しいであろう。そこで、信山社のご協力を得て、*Law & Society Début Series* を創刊することにした。

以下、シリーズ編集者として、今後の編集方針を説明したい。

(1) 本シリーズは、公募原稿によって構成する。

(2) 応募資格を有する著者は、まだ単著の書物を刊行していない研究者である。

(3) 対象とする研究は、博士論文、助手論文、またはそれらに相当するオリジナルな研究成果で、法、司法制度、法律家等、法現象に関する「経験的」あるいは「政策論的」検討を行うものである。対象となる法分野は問わないし、学際的考察において参照される他の学問分野が何であるかも問わない。自ら一次資料を収集した研究はもちろん、既存の経験的知見を活用した研究も対象とする。

(4) 応募原稿は日本語で、概ね一五万字（二〇〇字七五〇枚）以上、二〇万字（二〇〇字一〇〇〇枚）以下のものとする。希望者は、原稿二部に指導教授またはそれに相当する研究者による二、〇〇〇字程度の推薦文を添えて、信山社編集部の渡辺左近氏まで応募されたい。採用された場合には、推薦文を巻頭に記載する。

このような形式によるシリーズ出版は、日本ではまだ例が乏しいであろう。しかし、アメリカでは広く見られる形式であって、とくに新たな研究成果の発掘に大きな役割を果たしている。本シリーズが定着し、この形式が日本でも普及することを期待したい。